제자훈련, 실패는 없다

제자훈련, **실패는 없다**

1쇄 인쇄	2015년 9월 24일
2쇄 발행	2017년 7월 25일
지은이	배창돈
펴낸이	고종율
펴낸곳	주)도서출판 디모데 〈파이디온선교회 출판 사역 기관〉
등록	2005년 6월 16일 제 319-2005-24호
주소	서울특별시 서초구 서초대로 141-25(방배동, 세일빌딩)
전화	마케팅실 070) 4018-4141
팩스	마케팅실 031) 902-7795
홈페이지	www.timothybook.com

값 12,000원
ISBN 978-89-388-1590-3 03230
Copyright ⓒ 주)도서출판 디모데 2015 〈Printed in Korea〉

제자훈련, 실패는 없다

제자훈련 실전 노하우와 그 풍성한 열매

차 례

들어가는 글 006

1장 ___ 제자훈련이란 무엇인가 011

2장 ___ 제자훈련, 어떻게 준비할 것인가 025

3장 ___ 제자훈련, 어떻게 시작하고 진행할 것인가 079

4장 ___ 제자훈련의 열매, 소그룹 113

5장 ___ 제자훈련, 포기할 수 없는 이유 141

맺는 글 173

부록   나를 변화시킨 제자훈련 177

들어가는 글

교회란 무엇인가?
어떻게 목회를 해야 하는가?

사역을 준비하는 시간 동안, 그리고 사역을 하면서도 쉽게 풀리지 않는 물음이었다. 교회를 개척하면서부터 우리 교회가 주님이 원하시는 교회로 세워지기를 소원했다. 그러나 시간이 흐르면서 왜곡된 모습이 나타나기 시작했다. 자기의 주장을 내세우며 목소리를 높이는 사람들, 마음에 맞지 않는다며 다투고 급기야 다른 교회로 옮기는 사람들, 작은 교회를 섬긴다고 우쭐하는 사람들이 생겨났다. 이런저런 상황으로 힘겨운 마음을 안고 지내던 어느 날, 항상 격려하고 용기를 주던 아내가 처음으로 이렇게 말했다. "우리 이제 목회를 그만두면 안 될까요?" 아내의 말에 마음이 너무 아팠지만 다시 힘을 내어 끝까지 하나님을 의지하자고 말하며 아내를 위로했다.

그 후 나는 고(故) 옥한흠 목사님을 통해 제자훈련에 눈을 떴다. 제자훈련을 시작하고 나서는 제자훈련에 푹 빠져 버렸다. 그렇게도 변하지 않던 사람들의 삶이 제자훈련을 통해 변하기 시작했기 때문이다. 사실 이들은 과거에 대부분 자신이 다 안다고 착각하며 신앙생활을 했고, 경건의 모양만을 중시하며 흉내내기 바빴다. 그런 그들이 제자훈련을 통해 진지하게 하나님 앞에서 살아가기로 결단하기 시작했다. 그 변화의 모습을 보며 나는 더욱 힘을 내어 열정적으로 성도들에게 제자훈련의 중요성을 외쳤다. 목회자들을 만날 때도 제자훈련을 해야 교회가 건강해진다고 강조했다.

제자훈련이 잘 이루어지자 교회는 질적으로나 양적으로 성장했다. 함께 사역할 평신도 동역자들도 세웠다. 그리고 이전처럼 성도들이 다투고 갈라서는 일도 없었다. 가장 중요한 점은 새가족이 늘어났다는 것이다. 제자훈련을 받은 성도들이 전도에 힘을 쏟기 시작했기 때문이다.

1987년 후반기부터 시작된 제자훈련은 시간이 지나면서 성도의 삶을 바꾸는 것은 물론이고 교회를 전도의 열정으로 가득 채웠다. 제자훈련을 시작할 당시 우리 교회는 과수원에 있었고 주변에 집들도 많지 않았다. 하지만 환경이나 지역 조건은 문제가 되지 않았다. 먼 곳에서부터 사람들이 찾아와 교회에 등록했다. 250명 정도 들어가는 예배당이 꽉 차서 예배를 3부로 나누어 드리게 되었다. 그래서 넓은 장소로 옮겨 교회를 다시 크게 지었다. 우리 교회에 오는 새신자들 중 70퍼센트 이상이 전도를 받아 처음으로 교회에 나온 사람들이다.

제자훈련은 한 교회에서만 독점할 사역이 아니다. 주님이 가르쳐 주신 목회의 본질이며 목회자라면 반드시 해야 할 사역이다. 누구나 할 수 있고, 또한 누구나 해야 한다. 다만 제자훈련에 대한 깊은 확신을 품고 열매가 맺힐 때까지 인내해야 한다.

제자훈련을 하는 교회가 많으면 많을수록 하나님의 뜻이 이 땅에 빨리 이루어진다는 확신을 품고 중소교회 목회자를 위한 제자훈련세미나를 2008년부터 시작했다. 옥한흠 목사님은 중소교회 제자훈련세미나의 시작을 격려하시며, 영상 축하 메시지를 보내주기도 하셨다. 이렇게 시작한 세미나가 벌써 10기에 이르렀다. 중소교회 제자훈련세미나로 많은 목회자가 도전을 받고 각자의 교회에서 제자훈련을 시작하여, 건강한 교회를 세워 가고 있다.

나는 제자훈련이 목회의 본질이라는 것을 다시 한 번 강조하고 싶다. 제자 삼는 사역은 하나님이 원하시는 많은 열매를 맺을 뿐 아니라, 그분이 영광받으시는 귀한 사역이다.

물론 진행 과정에서 좌절과 어려움을 겪을 수도 있다. 그러나 분명한 것은 제자훈련에는 실패가 없다는 것이다. 이 사실을 붙들고 계속해서 나는 제자훈련을 통해 성숙한 하나님의 제자를 세우기를 소망한다. 하나님께서 제자훈련을 통해 하나님을 더 깊이 알아가고 닮아가기 원하는 모든 교회와 사역자, 성도와 함께하시기를 기도한다.

"너희가 열매를 많이 맺으면 내 아버지께서 영광을 받으실 것이요 너희는 내 제자가 되리라." 요 15:8

1장

제자훈련이란
무엇인가

오래전에 『산골 십 남매 이야기』(가나북스)라는 책을 읽은 적이 있다. 시골에서 십 남매를 키우며 목회를 하는 권학도 목사와 이재순 사모의 이야기에 큰 감동을 받은 나는 그들을 격려하고 싶은 마음에 읽던 책을 덮어두고 아내와 함께 포도 한 상자를 들고 권학도 목사가 시무하는 교회로 찾아갔다. 그런데 교회에 도착하니 사택은 문이 잠겨 있고 예배당은 공사 중이었다. 외출 중이라 생각하고 포도 상자를 사택 입구에 두고 왔다. 집에 돌아와 책을 마저 읽었는데, 마지막 장에 국내 교회 사역을 정리하고 선교지로 떠난다는 내용이 기록되어 있었다. 마지막 장을 읽지 않고 무작정 간 것이 실수였다. 이처럼 무슨 일이든 끝까지 하는 것이 중요하다. 목회도 마찬가지다. 마지막까지 최선을 다할 때 많은 열매를 얻을 수 있다.

제자훈련을 한 지도 어느덧 28년째다. 오랜 시간 동안 목회의 본질인 제자훈련을 붙잡고 흔들림 없이 사역한 것이 내게는 큰 축복이었다. 목회를 시작하면서부터 지금까지는 나는 우리 교회가 주님이 기뻐하시는 교회가 되기를 소원하고 기도한다.

어릴 때부터 신앙생활을 하면서 목회자의 잦은 이동으로 아쉬워하던 성도들을 봐 왔기 때문에 평생 한 곳에서 목회하고 싶다는 기도를 했었는데, 하나님이 그 기도를 들어주셔서 33년째 한 곳에서 사역하고 있다. 제자훈련이라는 목회의 본질을 알게 해주시고, 주님의 몸 된 교회를 한결같은 모습으로 섬길 수 있게 하신 하나님께 감사하지 않을 수 없다.

제자훈련을 부정적인 시각으로 바라보는 사람들도 있지만 나는 제자훈련이 변하지 않는 목회의 본질이라고 생각한다. 이 책을 통해 지금까지 받은 은혜를 독자들과 함께 나누고 싶다.

목회란 무엇인가?

목회자는 예수님이 하신 사역이 교회를 통해 계속 이루어지게 해야 한다. 그러려면 먼저 목회자가 예수님의 제자가 되어야 한다. 그후에 다른 사람을 제자 삼는 사역을 해야 한다.

"그러므로 너희는 가서 모든 민족을 제자로 삼아 아버지와 아들과 성령

의 이름으로 세례를 베풀고." 마 28:19

예수님은 프로그램이나 조직, 예배당 건축 등 오늘날 목회자들의 관심을 끄는 것들을 언급하지 않으셨다. 예수님은 오직 제자 삼는 일에 온 힘을 기울이셨다. 제자 삼기 전에 예수님은 기도하시고 열두 사람을 부르셔서 그들과 함께 사역하셨다. "이에 열둘을 세우셨으니 이는 자기와 함께 있게 하시고 또 보내사 전도도 하며"(막 3:14). 이처럼 예수님은 제자들을 직접 훈련하셨다. 이 땅에서 마지막으로 하신 말씀도 제자 삼으라는 명령이셨다. 목회의 최고 전문가는 예수님이시다. 그렇기 때문에 목회하면서 예수님의 뜻에 따르지 않는 것은 불순종이며 교만이다. 마태복음에서 사도행전까지는 '제자'라는 단어가 나오지만, 로마서 이후의 서신서에서는 '제자'라는 단어 대신 '완전한 자' 혹은 '온전한 자'라는 단어가 나온다.

제자훈련의 대헌장이라 할 수 있는 골로새서 1장 28절에는 예수님이 바라시는 제자의 모습이 나온다. "우리가 그를 전파하여 각 사람을 권하고 모든 지혜로 각 사람을 가르침은 각 사람을 그리스도 안에서 완전한 자로 세우려 함이니." 즉 그리스도 안에서 완전한 자로 세워진 자가 바로 제자라는 것이다.

목회란 무엇인가? 한마디로 평신도를 그리스도 안에서 완전한 자로 삼아 함께 동역하는 것이다. 바울은 많은 평신도를 동역자로 삼았기에 여러 영역에서 엄청난 사역의 열매를 맺을 수 있었다. 로마서 16장에는 자랑스러운 평신도 동역자들의 모습이 나타나 있다. 열심히 제자훈련을 하는 교회라면 바울처럼 자랑하고 싶은 평신도들이 많을 것이다.

제자는 어떻게 세워지는가?

그렇다면 제자는 어떻게 세워지는가? 제자 삼으라는 말씀에서 이 질문에 대한 해답을 찾을 수 있다. "그러므로 너희는 가서 모든 민족을 제자로 삼아 아버지와 아들과 성령의 이름으로 세례를 베풀고"(마 28:19). 여기서 "가서"라는 말은 '복음이 심기지 않은 곳이나 대상에게로 가라'라는 말이다. 이는 먼저 가서 전도하라는 뜻이다. 결국 전도하지 않으면 제자 삼을 대상도 없다. 오늘날 목회자들이 흔히 저지르는 실수가 있는데, 그것은 바로 기존 성도를 대상으로 제자훈련을 하다가 전도를 소홀히 하는 것이다.

"제자를 삼아"라는 말의 헬라어 '마데 튜사데'는 풀어서 말하면 '복음을 전하여 진리를 가르치고, 복음 위에 굳게 서도록 훈련으로 제자 삼다'라는 뜻을 갖고 있다.

앞에서 살펴본 "우리가 그를 전파하여 각 사람을 권하고 모든 지혜로 각 사람을 가르침은 각 사람을 그리스도 안에서 완전한 자로 세우려 함이니"(골 1:28) 하는 말씀도 "그를 전파하여"라는 말로 시작한다. 이처럼 제자 삼는 사역은 전파하지 않고는 이루어질 수 없다.

제자 삼는 방법은 두 가지가 있다. 첫째, '권함'이다. 예수님을 인격적으로 영접했다고 해서 죄의 유혹에서 벗어난 것이 아니기 때문에 하나님께 쓰임 받는 제자가 되려면 지속적인 권함이 필요하다. 그러므로 바른 길로 가도록 권해야 한다.

둘째, '가르침'이다. 하나님 말씀을 가르치고 실제로 경험하게 해야 한다. 그때 신앙이 성장하고 성경을 기반으로 한 가치관이 삶에 자리잡는다. 실제가 된 가르침을 받은 제자는 하나님 말씀에 순종하게 된다. 그러면 하나님의 살아 계심을 더 풍부하게 경험하여 성숙한 제자가 될 수 있다.

제자 삼는 사역은 목회자의 재능과 실력에 달려 있는 것이 아니라 성령의 도우심에 달려 있다. 목회자는 철저하게 성령의 도우심을 구하는 겸손한 자세를 가져야 한다. 또한 이 사역을 위해 혼신의 힘을 다해야 한다. 제자 삼는 사역은 결코 쉽지 않다. 영적으로나 육적으로 고된 사역이다. 하지만 이 사역의 열매를 맛보고, 성도들의 삶이 변하는 것을 보게 된다면 힘들다고 해도 멈출 수 없을 것이다.

어떤 사람이 제자인가?

어떤 사람이 제자인가? 크게 두 가지로 볼 수 있다.

첫째, 스승을 닮은 사람이다. 좋은 제자는 스승의 성품과 생각과 행동까지도 닮으려고 노력한다. 바울은 예수님을 닮고자 노력했다. "내가 그리스도를 본받는 자가 된 것같이 너희는 나를 본받는 자가 되라"(고전 11:1). 바울의 이 고백을 보면 그의 사역에서 맺은 많은 열매가 우연이 아니었음을 알 수 있다.

예수님을 닮아가는 자들에게는 두드러진 삶의 변화가 나타난다. '작은 예수'라는 말을 들을 만큼 삶의 변화가 나타난다. '그리스도인'이라는 말은 곧 '작은 예수'라는 의미다. 안디옥에서 바울과 바나바가 열심히 말씀을 가르치자 사람들이 그들을 그리스도인이라고 불렀다. "만나매 안디옥에 데리고 와서 둘이 교회에 일 년간 모여 있어 큰 무리를 가르쳤고 제자들이 안디옥에서 비로소 그리스도인이라 일컬음을 받게 되었더라"(행 11:26). 주님은 제자들이 작은 예수, 즉 예수님을 닮은 사람이 되기를 바라셨다.

오늘날 교회가 세상에서 맛 잃은 소금이 되어 지탄을 받는 이유는 주님의 간절한 소원인 제자 삼는 사역을 외면하고 소홀히 여기기 때문이다. 우리는 하나님의 뜻을 이루어드려야 한다. 작은 예수는 그리스도의 향기를 발한다. 우리는 반드시 그리스도의 향기를 흘려보내야 한다.

> "우리는 구원 받는 자들에게나 망하는 자들에게나 하나님 앞에서 그리스도의 향기니." 고후 2:15

헨리 나우웬은 오늘날 예수를 믿는 우리에게 닥친 가장 큰 도전은 우리가 스스로 자신을 살아 있는 작은 예수라고 말할 수 있어야 한다는 점이라고 말했다. 이 도전을 넘어서지 못하고 있기 때문에 교회는 혹독한 대가를 치르고 있다. 특히 제자의 삶과 무관하게 살아가는 사람들 때문에 교회는 큰 고통을 겪고 있는 것이다.

둘째, 제자는 스승의 뜻을 받들어 섬긴다. 제자가 되려면 먼저 예수님이 이 땅에 오신 목적을 알아야 한다. 예수님은 한 영혼을 구원하는 일에 전심전력하셨다. 그리고 이 땅에 오신 목적을 분명히 말씀하셨다. "인자가 온 것은 잃어버린 자를 찾아 구원하려 함이니라"(눅 19:10). 성경을 보면 예수님이 한 영혼 한 영혼을 만나신 내용이 많이 나온다. 사람들에게 천대 받고 소외된 자였던 세리와 죄인을 직접 찾아가셨다. 아무도 돌보지 않는 38년 된 병자, 나병환자, 그 밖에 수많은 영혼을 찾아다니셨다. 약하고 소외된 사람들이 예수님을 만나면 그분의 사랑에 감복한다. 이들은 예수님을 통해 구원 받고 자연스럽게 그분을 따르게 된다. 누가복음 18장에는 앞을 보지 못하는 사람이 예수님을 통해 눈을 뜨고 그분을 따르는 내용이 나온다.

"곧 보게 되어 하나님께 영광을 돌리며 예수를 따르니 백성이 다 이를 보고 하나님을 찬양하니라." 눅 18:43

주님의 제자는 영혼을 사랑하고 복음을 전하려는 열정으로 가득 차 있는 사람이다. 강단에서 말씀을 전하는 목회자는 먼저 주님의 제자가 되어야 하며 복음에 대한 열정으로 가득 차 있어야 한다. 언제든지 복음을 전할 준비가 되어 있어야 한다. 예수님을 강하게 핍박하던 바울은 다메섹에서 하나님을 만나고 180도 바뀌어 전도의 열정으로 가득 찬 사람이 되었다. 그의 열정으로 많은 교회가 세워졌다. 수많은 영혼이 주님께 돌아왔다. 그는 주님이 부르실 때까지 복음에 미친 자로, 복음을 위해 생명을 바치며 살았다.

"너는 말씀을 전파하라 때를 얻든지 못 얻든지 항상 힘쓰라 범사에 오래 참음과 가르침으로 경책하며 경계하며 권하라." 딤후 4:2

그리스도인에게 복음을 전하는 것보다 더 중요한 일은 없다. 오늘날 많은 교회가 제자훈련을 한다. 제자훈련을 받은 사람들의 수를 내세우며 흐뭇해한다. 그러나 주님이 제자훈련을 받은 사람의 수가 많다고 칭찬하실까? 주님은 외적인 이유로 우리를 판단하지 않으신다. 제자훈련을 한다고 해도 각 교회마다 차이가 있을 수 있다. 특히 기존 신자를 새신자로 삼은 교회와 전도로 비신자를 새신자로 삼은 교회의 제자훈련에는 차이가 있다. 전도를 잘하는 교회일수록 순수하고 열정이 있다. 그리고 비본질적인 일에는 관심이 없고 본질적인 일에 최선을 다한다. 전도가 빠진 제자훈련은 무기력하다. 교회도 자기 역할을 제대로 할 수 없다. 교회가 어느 정도 성장하면 제자훈련을 하는 것 자체로 만족하려는 경향이 있는데, 주님은 전도하지 않는 교회를 결코 기뻐하지 않으신다.

좋은 목회란?

그렇다면 좋은 목회란 무엇인가? 좋은 목회를 했다고 말할 수 있는 근거는 무엇인가? 많은 교인 수, 다양한 프로그램, 편안하고 안락한 시설을 갖춘 최신식 예배당, 오랫동안 교회를 섬긴 많은 직분자와 같은 요소가 많은 것이 좋은 목회의 근거인가?

그렇지 않다. 좋은 목회의 근거는 주님의 제자가 많은 것이다. 제자훈련을 받았다고 모두 좋은 제자가 되는 게 아니다. 그저 전도를 잘한다고 해서 좋은 제자라고 할 수도 없다. 전도는 잘하는데 삶에서 그리스도의 향기를 발하기는커녕, 하나님의 영광을 가린다면 그 사람은 성숙한 제자라고 할 수 없다. 반대로 삶은 모범적이지만 전도를 하지 못하는 사람도 성숙한 제자라고 할 수 없다.

목회자는 제자훈련을 통해 삶과 전도가 균형을 이루도록 훈련해야 한다. 삶의 변화와 전도라는 바퀴 양쪽이 균형을 이룬 주님의 제자가 교회에 많을 때, 비로소 좋은 목회를 했다고 자신 있게 말할 수 있다.

이런 제자들은 자신의 생명을 대속물로 영혼을 구원하신 예수님을 닮아 헌신적으로 영혼들을 섬긴다. 영혼 구원을 위한 예수님의 모든 사역에는 그분의 생명을 대속물로 바친 섬김이 있었다. 이와 같이 좋은 제자에게는 섬김의 정신이 가득하다. 섬김의 정신으로 무장한 제자들이 가득 찬 교회가 바로 건강한 교회다. 에베소서 4장 11-13절에서 이 사실을 잘 설명한다.

> "그가 어떤 사람은 사도로, 어떤 사람은 선지자로, 어떤 사람은 복음 전하는 자로, 어떤 사람은 목사와 교사로 삼으셨으니 이는 성도를 온전하게 하여 봉사의 일을 하게 하며 그리스도의 몸을 세우려 하심이라 우리가 다 하나님의 아들을 믿는 것과 아는 일에 하나가 되어 온전한 사람을 이루어 그리스도의 장성한 분량이 충만한 데까지 이르리니."

섬기려는 마음을 품은 제자들은 자신에게 맡겨진 일을 열심히 하려고 한다. 잘 섬기는 제자가 많은 교회는 여러 부분이 조화롭게 선을 이루어 건강한 교회가 된다. 제자는 어디로 가든지 제 역할을 다한다. 자신이 하고 싶은 사역만 하는 것이 아니라 교회에 필요한 사역을 담당한다. 제자 훈련은 받았는데 훈련 받은 그 자체를 자랑하고 직분도 자신의 벼슬로 생각하는 사람이 있다면 이는 주님의 제자라고 할 수 없다. 또 주님의 제자는 교회의 지체로서 맡은 역할을 잘 감당하여 주님의 몸 된 교회가 사역을 잘할 수 있도록 섬기는 자이다. 어디에서 섬기든지 소리 없이 맡은 역할을 잘 감당한다.

"너희는 그리스도의 몸이요 지체의 각 부분이라." 고전 12:27

예수님이 이 땅에 오셔서 섬김으로 하나님의 뜻을 이루고 교회를 세우셨듯이, 예수님의 뒤를 따라 섬기는 자가 바로 제자이다. "인자가 온 것은 섬김을 받으려 함이 아니라 도리어 섬기려 하고 자기 목숨을 많은 사람의 대속물로 주려 함이니라"(마 20:28). 이런 예수님의 제자가 많아야 세상에서도 하나님의 이름을 높이는 교회가 될 수 있는 것이다.

진정한 제자가 가득한 교회에는 많은 열매가 있다. 예수님은 이 사실을 분명하게 말씀하셨다. "너희가 열매를 많이 맺으면 내 아버지께서 영광을 받으실 것이요 너희는 내 제자가 되리라"(요 15:8). 제자훈련이 목회의 본질임을 알게 되면 대충 사역할 수 없다. 온 힘을 다해 사역할 수밖에 없다. 성령의 도우심을 구하며 사람이 온 힘을 다해 사역할 때, 그 열매는 놀랍도록 풍성하다. 그 열매를 보고서 하나님께 영광을 돌리지 않을 수 없을 것이다. 좋은 목회란 주님의 제자를 많이 세워 주님께서 맡겨 주신 사역을 잘 감당하는 것이다. 누구도 이 말에 이의를 제기할 수는 없을 것이다.

2장

제자훈련,
어떻게 준비할 것인가

지금은 교회가
교회다운 모습을
회복해야 할 때

복음이 우리나라에 전해진 지 120년이 지났다. 기독교인이 천만 명이 넘고 밤에는 어느 방향을 보아도 빨간 십자가 불빛이 보인다. 교회 없는 지역을 찾아보기 힘들고, 대형 교회는 사람들로 북적인다. 교회 다니는 사람들 10명 가운데 8명 정도에게 집사님이라 부르면 거의 맞을 정도로 직분자가 넘쳐 난다. 그런데 죄악은 날이 갈수록 기승을 부린다. 범죄율이 떨어질 가능성은 보이지 않는다. 수많은 가정이 깨어지고 가출 청소년들의 범죄를 다스릴 방법을 찾을 수 없다. 가정이 제구실을 못하니 학교 교육까지도 제 역할을 감당하지 못하고 있다. 부모와 교사의 권위는 땅에 떨어졌다. 자신의 이익 챙기기에만 급급한 사람들은 마치 굶주린 하이에나처럼 악랄하게 사람을 이용한다. 교회가 많아질수록 세상이 환하게 밝아져야 하는데 세상은 더욱 암흑처럼 변해 가고 있다. 세상이 이렇게 될 때까지 교회는 무엇을 했는가?

그러나 교회가 손 놓고 아무것도 안 한 것은 아니다. 교회마다 다르긴 하지만, 연례행사처럼 1년에 한 번 이상 부흥회를 개최한다. 또한 크고 작은 세미나를 열어 지식의 폭을 넓힌다. 그리고 조직을 구축하거나 다양한 행사를 열어 교회 성장을 추구한다. 그럼에도 세상은 변하지 않았다. 이는 교회가 세상을 바꿀 만큼의 힘을 키우지 못했기 때문이다. 살아 있는 하나님 말씀의 능력을 경험하는 성도는 극소수에 불과하다. 교회 안에 세상처럼 정치 논리가 들어오고, 자리다툼과 자기애로 가득 차서 교회가 제 역할을 감당하지 못하는 것이다.

제자 삼지 않으면 교회가 교회의 역할을 감당할 수 없음을 너무 잘 아시는 예수님은 제자를 삼으라고 말씀하셨다. 이 땅에서 최고의 목회 전문가는 당연히 예수님이시다. 예수님은 자신의 권세를 드러내면서까지 제자 삼을 것을 명령하셨다. 예수님이 가르쳐 주신 제자훈련은 가장 확실한 목회의 본질이다.

그러나 많은 목회자가 제자 삼는 사역이 어렵다는 이유와 핑계를 들어 포기하거나 외면했다. 어떤 신학자는 제자훈련이 한 시대의 유행이라고 단정 짓기도 했다. 목회자들이 다른 것에 마음을 쏟는 동안 교회는 제 역할을 하지 못한 것이다. 그래서 예수님의 뜻을 외면한 목회의 곳곳에 구멍이 나게 되어 뒤늦게 땜질하고 치료하는 수고를 되풀이하는 것이다.

주님의 제자들은 교회다운 교회를 보여주어야 한다. 제자들은 영혼을 사랑하는 열정을 품고 세상에 복음을 들고 나가야 한다. 주님을 닮은 성품의 사람이 되어 가까운 가족과 이웃에게 조용하지만 큰 영향력을 끼쳐야 한다. 주님의 마음을 품은 제자들은 주님의 뜻에 따라 하나가 되어 서로 섬긴다. 오늘날 교회가 얼마나 시끄러운가? 분쟁과 시기는 주님이 가장 우려하신 일이다. 예수님은 이 땅에 남겨 둔 제자들을 위해 기도하셨다. 그들이 하나 되지 않으면 할 수 있는 일이 아무것도 없음을 잘 아셨기 때문이다.

"나는 세상에 더 있지 아니하오나 그들은 세상에 있사옵고 나는 아버지께로 가옵나니 거룩하신 아버지여 내게 주신 아버지의 이름으로 그들을 보전하사 우리와 같이 그들도 하나가 되게 하옵소서." 요 17:11

"아버지여, 아버지께서 내 안에, 내가 아버지 안에 있는 것같이 그들도 다 하나가 되어 우리 안에 있게 하사 세상으로 아버지께서 나를 보내신 것을 믿게 하옵소서." 요 17:21

오늘날 직분을 명예나 감투로 생각하는 직분자들이 일으키는 수많은 문제가 교회의 사역을 가로막는다는 사실을 인정해야 한다. 평신도들이 제자가 되면 그 열매는 풍성할 수밖에 없다. 평신도와 함께 사역한 사도 바울이 좋은 모델이다. 로마서 16장에 나오는 사도 바울이 자랑하는 평신도 동역자들은 바울이 이룬 엄청난 열매의 원동력이었다. 평신도를 제자로 삼으면 바울과 같은, 아니 바울보다 더 많은 열매를 맺을 수 있다.

오늘날 교회가 교회답지 못한 것은 제자 삼는 사역은 제대로 하지 않으면서 다른 프로그램이나 행사에 몰두하기 때문이다. 이러한 행사를 통해 사람들이 모여 드는 것을 부흥이라고 착각한다. 어떤 신학적 이론과 탁월한 방법도 권세 있는 주님의 명령보다 앞설 수는 없다. 제자훈련에는 목회의 모든 것이 포함되어 있다. 사람의 요령과 방법이 잠깐 동안 사람들의 마음을 끌어당길 수는 있어도, 하나님을 기쁘시게 해 드리지는 못한다. 제자 삼는 사역을 하면 주님께서 함께하심을 경험한다.

지금까지 나는 28년 동안이나 제자훈련을 해 왔다. 하나님의 말씀대로 행하려 하다 보니 그분의 말씀을 더욱 경험하게 되고, 개인과 공동체에 나타나는 말씀의 능력에 탄복하게 된다. 제자훈련을 하면서 주님이 수많은 문제를 해결해 주시는 것을 보았다. 개인과 가정을 회복시키시고, 말씀으로 치료하셨다. 말씀으로 치료된 자들은 제자가 되어 "뜻이 하늘에서 이루어진 것같이 땅에서도 이루어지기"를 소원하는 마음으로 사역하며 세상으로 나아간다.

제자훈련은 예수님의 뜻이요, 명령이다. 그런데 안타까운 점은 교회가 아무런 변화 없이 제자훈련을 하나의 과정으로만 여기는 경우가 많다는 점이다. 제자훈련은 훈련답게 해야 한다. 제대로 된 제자훈련을 하기만 한다면 놀라운 은혜와 변화를 경험하며, 문제도 해결될 수 있다. 제자 삼는 교회만이 세상을 복음화할 수 있다.

목회자는 제자 삼으라는 주님의 명령에 순종해야 한다. 주님의 지상 명령인 제자 삼는 사역에 순종하지 않는 목회자가 성도들에게 말씀에 순종하라고 가르치는 것 자체가 우스운 일이 아닐까? 오늘도 주님은 말씀하신다.

"예수께서 나아와 말씀하여 이르시되 하늘과 땅의 모든 권세를 내게 주셨으니 그러므로 너희는 가서 모든 민족을 제자로 삼아 아버지와 아들과 성령의 이름으로 세례를 베풀고 내가 너희에게 분부한 모든 것을 가르쳐 지키게 하라 볼지어다 내가 세상 끝날까지 너희와 항상 함께 있으리라 하시니라." 마 28:18-20

어떤 상황에서도
포기할 수 없는 제자훈련

처음 목회를 시작할 때 나는 과연 내가 목회에 합당한 사람인가 하는 생각을 하며 두려워했다. 어릴 때부터 신앙생활하면서 보았던 모습을 통해 결코 목회가 만만하지 않음을 알았기 때문이다. 그래서 앞으로 개척할 교회의 목표를 '사랑이 넘치는 교회, 말씀을 생활화하는 교회, 전도하는 교회'라는 이상적인 내용으로 잡았다. 스스로 상당히 괜찮다고 여기며 그러한 교회를 꿈꾸었다.

그러나 막상 개척을 하자 현장에서는 생각과 다른 어려운 일들이 일어나기 시작했다. 개척 초기부터 함께한 성도들이 새로 오는 교인들에게 은근한 텃세를 부렸다. 새로 들어오는 사람들은 견디지 못하고 한 사람씩 나가기 시작했다. 그들에게 줄 수 있는 사랑을 다 베풀었지만, 그들은 뭔가 하나라도 마음에 안 들면 교회를 떠났다. 떠날 때 혼자 떠나는 것이 아니라 몇 명씩 데리고 나갔다. 세상의 지위와 명예를 가진 사람들은 개척 교회를 우습게 여겼고, 교회에서 자신이 가장 좋은 자리에 앉는 것을 당연하게 여겼다. 그리고 자신들이 없으면 교회가 돌아가지 않을 것이라는 착각에 빠져 있었다. 초신자들을 교제라는 명목으로 끌어들여 함께 교회를 비판하고, 당을 지었다. 끊임없이 요구하고 사랑받기를 원하는 그들에게 어떻게 해야 할지 알 수 없었다.

이런 상황에서 힘겨워하던 어느 날, 제자훈련지도자 세미나 1기를 받고 온 이웃 교회 목사님을 만났다. 그때부터 그 분의 소개로 제자훈련을 시작했다. 제자훈련은 날개를 단 것과 같았으나 시작은 어려웠다. 직분자들은 대부분 방관자이자 방해자였다. 제자훈련을 아는 사람들도 내가 제자훈련에 집중하려는 것을 비웃었다. 제자훈련은 대도시에서나 통하지, 이런 시골에서는 통하지 않는다고 말했다. 잘해 보라고 격려해 주는 사람은 아무도 없었다. 그러나 제자훈련이 주님이 가르쳐 주신 목회의 본질임을 알았기에 부정적인 상황이나 말에 흔들릴 수는 없었다. 계속해서 제자훈련을 하는 데 집중했다. 그러다가 3년 만에 몸에 무리가 왔다. 아무것도 먹을 수 없을 정도로 심각했다. 게다가 제자훈련을 받은 성도가 문제를 일으키기도 했다. 맥이 탁 풀려 버렸다. 성도 몇 명을 데리고 씨름하는 내 모습이 안쓰러워 보였는지 이웃 목사는 괜한 헛수고를 그만두라고까지 했다. 그러나 나는 제자훈련을 계속했다. 그 세월이 벌써 훌쩍 20년을 지나 30년이 다 되어 간다. 지난 시간을 생각하면 주님의 말씀이 언제나 진리임을 확신하지 않을 수 없다.

"우리가 하나님의 나라를 어떻게 비교하며 또 무슨 비유로 나타낼까 겨자씨 한 알과 같으니 땅에 심길 때에는 땅 위의 모든 씨보다 작은 것이로되 심긴 후에는 자라서 모든 풀보다 커지며 큰 가지를 내나니 공중의 새들이 그 그늘에 깃들일 만큼 되느니라." 막 4:30-32

우리 교회에 와서 예수님을 구주로 영접하고 제자훈련으로 건강한 그리스도인이 되는 과정을 거쳐 가정과 사회에 거룩한 영향력을 행사하며 교회를 섬기는 평신도 동역자를 보면, 그동안 베풀어 주신 하나님의 은혜에 감사하지 않을 수 없다. 모든 일을 하나님이 이루셨다. 다음과 같은 사도 바울의 고백은 곧 나의 고백이다. "그리스도 예수 안에서 너희에게 주신 하나님의 은혜로 말미암아 내가 너희를 위하여 항상 하나님께 감사하노니"(고전 1:4).

요즘 나는 제자훈련이라는 말만 들어도 설렌다. 평신도의 삶이 변화되는 제자훈련의 힘을 보았기 때문이다. 그만큼 그들의 변화는 놀라웠다. 또 그들의 섬김은 아름다웠다. 그리고 제자훈련을 하는 목회자들을 만나면 기대감이 앞선다. 앞으로 이들을 통해 주님께서 건강한 교회를 세우고 세상을 변화시키실 것이라고 확신하기 때문이다.

제자훈련은 교회는 물론 개인과 가정, 직장, 지역 사회를 바꾼다. 그래서 나는 제자훈련을 사랑한다. 제자훈련에 평생을 바친 사역자를 사랑한다. 또 제자로서 헌신된 삶을 살고자 노력하는 평신도들을 사랑한다. 제자 삼는 사역에 온 힘을 다하는 것이 곧 주님을 사랑하는 것임을 확신한다. 힘들고 어려울지라도 교회는 제자훈련을 포기해서는 안 된다.

제자훈련과 교회의 본질

하나님이 사랑하시는 공동체에 소속되는 일은 그 자체만으로도 큰 기쁨이다. 모세는 이스라엘 백성의 광야 생활에 많은 도움을 준 장인 르우엘의 아들 호밥에게 동행하기를 청한다. 하지만 호밥은 자신의 일가 친족이 있는 고향으로 돌아가겠다고 한다. 그때 모세는 다시 간청한다. "우리를 떠나지 마소서 당신은 우리가 광야에서 어떻게 진 칠지를 아나니 우리의 눈이 되리이다"(민 10:31). 단지 광야 생활에 도움을 얻고자 모세가 이렇게 말한 것이 아니다. 하나님이 임재하시는 공동체의 일원으로 축복을 함께 누리기를 원했던 것이다. 이는 "우리와 동행하면 여호와께서 우리에게 복을 내리시는 대로 우리도 당신에게 행하리이다"(10:32)라는 말씀으로 알 수 있다. 하나님의 공동체에 속하는 것 자체가 얼마나 대단한 것인지 알아야 한다. 하나님의 공동체 안에서 자기 역할을 하는 자를 구약 시대에는 의인으로, 신약에서 예수님은 제자로 칭하셨다.

세상이 날로 악해지는 것은 하나님께서 원하시는 제자가 부족하기 때문이다. 소돔과 고모라가 의인 열 명이 없어서 멸망했고, 롯의 가족은 도망쳐서 겨우 목숨만 건졌다. 아내는 소금 기둥이 되었고, 두 딸의 생명만 구한 롯은 비참한 신세로 전락한다. 롯이 소돔과 고모라에서 얼마나 머물렀는지는 확실히 알 수 없지만, 문제는 하나님께서 원하시는 영향력이 없었다는 점이다. 단 한 명에게도 복음을 전하지 못했기 때문이다.

교회 지도자인 목회자는 하나님을 기쁘시게 하는 교회가 되게 해 달라는 것이 기도 제목이 되어야 한다. 세상을 충만하게 하는 교회야말로 교회다운 교회이다. 교회다운 교회는 건강하다. 반면, 건강하지 못한 교회는 참으로 초라할 뿐이다. 소돔과 고모라에 자리 잡은 롯의 가정교회는 교회의 역할을 하지 못한 명목상의 교회였다. 제자의 삶을 살아야 할 두 딸 역시 남편에게 선한 영향을 끼치지 못했다. 초라한 교회의 지도자는 사위들에게조차 영향력을 행사하지 못했다. 사위들은 소돔과 고모라의 멸망과 함께 죽음을 맞았고, 지도자 롯은 목숨만 겨우 건졌다.

예수님은 이 땅에 명목상의 교회가 존재하는 것을 원하지 않으셨기에 제자훈련을 시키셨다. 이는 영적인 성숙을 위해서였다. 영적으로 성숙하지 않으면 교회는 문제의 온상이 된다. 성숙하지 않은 교회는 사탄과의 싸움에서 이길 수가 없다. 그러나 영적으로 성숙하면 섬기는 교회가 된다. 섬기는 교회에서는 천국의 맛을 보게 된다. 예수님도 이 땅에 섬기러 오셨다. 마태복음 20장 28절에서 "인자가 온 것은 섬김을 받으려 함이 아니라 도리어 섬기려 하고 자기 목숨을 많은 사람의 대속물로 주려 함이니라"라고 말씀하셨다.

오늘날 교회는 섬김 받으려는 사람들이 많기 때문에 힘을 잃어 가고 있다. 그리스도의 몸 된 교회가 그리스도처럼 되는 것을 거부하는 것이다. 섬김 받으려는 자들 때문에 다툼이 끊이질 않는다. 이제 막 교회 생활을 시작한 초신자들은 제자로 살아가는 기쁨을 채 맛보지 못하고, 다툼과 분열을 일삼는 모습에 실망하여 교회를 떠나게 된다. 그뿐만이 아니다. 교회는 너무나 많은 회의와 무익한 변론에 쌓여 있다. 바울은 디모데에게 이렇게 가르쳤다. "디모데야 망령되고 헛된 말과 거짓된 지식의 반론을 피함으로 네게 부탁한 것을 지키라"(딤전 6:20). 또한 어리석고 무식한 변론 때문에 다툼이 난다고 디모데후서 2장 23절에서도 말씀한다.

교회는 본질에 충실해야 한다. 모이면 기도하고 흩어지면 전도하는 건강한 교회가 되어야 한다. 건강한 교회가 되기 위해서는 제자 삼는 사역에 온 힘을 기울여야 한다. 제자 삼는 사역은 주님께서 이 땅에서 마지막으로 말씀하신 유언이다. 그러므로 누구든 거부하거나 핑계 댈 수 없다.

제자 삼는 사역의 결과는 영적인 성숙과 전도로 나타난다. 예수님께서 이 땅에 오신 목적이 바로 영혼 구원이었기 때문이다. 건강한 교회가 되는 데 이보다 더 중요한 일은 없을 것이다. 교회가 행사에 치중하고 겉모습에 치중하는 사이 사탄은 더욱 칼을 갈고 있음을 기억해야 한다.

하나님의 말씀은 사람을 변하게 하는 능력이 있다. 올바르게 제자훈련을 하기만 하면 교회는 변화되고 성숙한 성도들로 가득한 사랑의 공동체가 될 수 있다. 성숙하지 않은 어린아이와 같은 사람은 세상에서 아무런 힘을 발휘할 수 없다. 오히려 세상 사람들에게 비난의 대상이 된다. 120년 역사가 있는 한국 교회가 오늘날 겪는 문제가 바로 이런 이유 때문임을 알아야 한다. 소돔 성에 복음을 전하지 못하고 자신의 가족과 함께 떠나야만 했던 롯의 모습이 우리 모습이 되어서는 안 된다. 예수님의 제자, 즉 변화된 한 명은 온 세상을 변화시킨다. 오늘도 주님은 제자 삼기를 원하신다. 곳곳에 복음과 믿음의 영향력을 끼치기를 소원하신다.

제자훈련, 당신도 할 수 있다

제자훈련을 시도한 목회자 가운데 제자훈련 목회가 적성에 맞지 않다거나 제자훈련에 은사가 없다거나 환경과 조건이 제자훈련을 하기에는 부적절하다는 결론을 내리고 그만두는 경우를 보았다. 과연 그럴까? 제자훈련을 할 수 있는 목회자는 제한되어 있을까?

우리 교회에서 제자훈련을 시작할 당시, 어떠한 조건도 갖추어져 있지 않았다. 먼저 나 자신이 제자훈련에 특별한 재능이 있다고 생각해 본 적이 없다. 오히려 제자훈련을 하는 게 무리인 상황이었다. 제자훈련을 할 자원이 없는 과수원 근처의 교회에서 겨우 네 명으로 시작할 수밖에 없는 상황이었다. 그리고 성도들도 대부분 제자훈련을 부정적인 시각으로 바라보았다.

그러나 제자훈련을 시작한 것은 오직 두 가지 이유 때문이다. 첫째, 주님께서 제자훈련을 하셨기에 나도 할 수 있다는 확신이었다. 둘째, 제자훈련은 선택의 문제가 아니라 주님께서 내리신 명령이었기에 반드시 해야 한다는 순종이었다. 그리고 믿음으로 한 길로만 달려왔고 주님께서 열매를 맺게 하셨다.

확신을 가지고 순종할 때 성령 하나님이 도와주신다. 세상일도 열심히 하면 각 분야에서 족적을 남길 수 있지 않는가? 우리가 잘 아는 알베르트 아인슈타인은 학교 공부에 재능이 없었다. 고등학교도 겨우 졸업했지만 취리히의 공업대학에 입학하여 33세에 교수가 되었고, 42세에 광양자 발견으로 노벨 물리학상을 받았다. 음악가 바그너 역시 열등생이었지만 베토벤의 가극 중 피델리오 역을 맡은 한 여가수의 열창에 감동하여 그녀에게 다음과 같은 편지를 보냈다고 한다. "오늘에야 비로소 나의 인생은 그 의미를 갖게 되었습니다. 만일 내가 언젠가 예술계에서 성공을 거두게 된다면 그것은 나에게 결심을 하게 해준 당신 덕분입니다."

우리는 주님께 믿음을 보여 드려야 한다. 믿음 없이 행한다면 언제나 염려와 불안으로 담대하게 행할 수 없을 것이다. 도마가 주님의 부활을 의심하면서 얼마나 두려웠을까? 그리고 얼마나 머리가 복잡했을까? 재능과 은사가 없다고 말하지 말라. 주님이 행하고 명령하셨기에 제자훈련은 재능과 은사를 요구하지 않는다. 순종하는 자세로 인내하면 우리가 생각한 것보다 더 풍성한 열매를 맺게 될 것이다. 주님의 명령인 제자훈련에 순종하면 주님이 반드시 도우신다고 약속하셨다. 주님이 우리를 적극적으로 도와주신다. 그 근거를 말씀에서 찾을 수 있다.

"그러므로 너희는 가서 모든 민족을 제자로 삼아 아버지와 아들과 성령의 이름으로 세례를 베풀고 내가 너희에게 분부한 모든 것을 가르쳐 지키게 하라 볼지어다 내가 세상 끝날까지 너희와 항상 함께 있으리라 하시니라." 마 28:19-20

"나의 계명을 지키는 자라야 나를 사랑하는 자니 나를 사랑하는 자는 내 아버지께 사랑을 받을 것이요 나도 그를 사랑하여 그에게 나를 나타내리라." 요 14:21

앞으로 제자훈련을 통해 주님의 도우심을 무수히 경험하게 될 것이다. 주님이 어떻게 도우실지 기대하라. 제자훈련, 당신도 할 수 있다. 그리고 반드시 열매를 맺게 될 것이다. 야고보서 1장 6-7절 말씀을 기억하라. "오직 믿음으로 구하고 조금도 의심하지 말라 의심하는 자는 마치 바람에 밀려 요동하는 바다 물결 같으니 이런 사람은 무엇이든지 주께 얻기를 생각하지 말라."

예수님과 제자훈련

제자훈련은 예수님의 제자들이나 탁월한 재능을 가진 목회자가 새롭게 시작한 목회 방법이 아니다. 예수님이 시작하시고 제자들에게 명령하셨다. 그러므로 예수님께 배우면 된다.

교회가 교회로써 힘을 잃은 이유는 그리스도인들이 변하지 않기 때문이다. 교회가 세상의 빛과 소금 역할을 감당해야 하는데, 그 역할을 힘겨워한다. 실제로 세상 사람들이 인정하지 않는다. 세상 문제가 생기면 다른 단체에서 나서서 '정의 구현'을 내세우며 목소리를 높인다. 그러나 교회가 나서면 오히려 보는 눈이 곱지 않다. 종교가 정치에 개입한다고 비난한다. 왜 그런가? 교회 안에 주님의 제자들이 없기 때문이다.

평신도들을 주님의 제자로 훈련하기 위해서는 먼저 목회자가 주님의 제자가 되어야 한다. 요즘은 교회 프로그램 가운데 하나로 많은 교회에서 제자훈련을 하고 있다. 그러나 중요한 점은 제자훈련을 통해 주님의 마음을 품은 제자가 많아져야 한다는 사실이다. 한때의 유행이나 프로그램으로 끝나서는 안 된다.

많은 목회자가 제자훈련의 새로운 비법을 배우려고 이곳저곳을 찾아 헤맨다. 제자훈련도 유행과 요구에 따라 여러 이름의 훈련으로 진행된다. 그냥 제자훈련이라고만 하면 신선하지가 않다. 하지만 제자훈련보다 더 좋은 이름은 없다.

제자훈련을 하려면 첫째, 예수님의 정신을 배워야 한다. 예수님은 한 영혼을 향한 사랑을 품은 분이셨다. 로마 정부나 전통적인 유대인들에게 대항하기 위해 교회를 키우려 하지 않으셨다. 한 영혼 한 영혼을 향한 예수님의 긍휼의 마음과 진실한 사랑이 사람을 변하게 했다. 우리도 마찬가지다. 단지 제자훈련이라는 프로그램을 도입했다고 제자훈련이 정착되는 것이 아니다. 목회자나 제자훈련을 진행하는 지도자가 예수님처럼 한 영혼에 대한 열정이 없다면, 진정한 제자훈련을 했다고 말할 수 없다. 제자훈련을 진행하는 자에게 한 영혼을 향한 진실한 사랑이 있을 때, 제자훈련은 비로소 튼튼히 자리 잡을 것이다.

둘째, 제자훈련은 목회의 본질이지 교회 부흥을 위한 수단이 아님을 알아야 한다. 제자훈련은 교회라면 반드시 해야 할 기본이자 기초이며, 본질이다. 예수님이 제자훈련을 하셨다면 우리도 당연히 제자훈련을 해야 한다. 이것은 선택의 문제가 아니다.

물론 제자훈련 없이도 외형적으로 성장할 수 있다. 하지만 내부로 들어가 보면 언제나 부족함을 절감할 것이다. 많은 목회자가 오랫동안 목회를 하고도 '이게 아닌데…'라고 생각하며 확신을 갖지 못하는 이유는 예수님이 친히 행하고 명하신 제자훈련을 하지 않기 때문이다. 제자훈련 대신 좋은 자리를 만들어 성도에게 직분을 주어도 제자의 일을 하지 못한다. 세계 일류 기업들이 사용하는 조직과 마케팅 전략을 적용해도 제자로서 일할 수 없다. 화려하고 그럴듯한 행사를 많이 해도 사람들에게 잠시 만족을 줄 뿐, 제자가 해야 할 일은 할 수 없다.

셋째, 제자훈련에 전심전력해야 한다. 예수님은 3년 동안 제자훈련을 하셨다. 그리고 훈련받은 제자들이 모든 족속을 제자 삼아 복음을 전하는 놀라운 쾌거를 이루게 하셨다. 예수님의 제자들을 개인적으로 살펴보면 탁월하지도 않고 내세울 것도 없었다. 그러나 그들을 통해 세상이 복음을 알게 되었다. 그 일이 가능했던 이유는 그들이 예수님의 제자였기 때문이다. 예수님이 이들을 제자로 세우시는 데 3년이 걸렸다. 아니 3년이 지나서도 부족한 모습이 여러 곳에서 나타났다. 제자들은 성만찬 자리에서 높아지고자 하는 마음 때문에 서로 다투고, 예수님이 겟세마네에서 기도하실 때 잠들었으며, 십자가를 지기 위해 잡히신 예수님을 버리고 도망쳤다. 그러나 그렇다고 해서 제자훈련이 실패한 것은 아니었다. 부활하신 주님을 만난 제자들은 생명을 걸고 제자의 역할을 감당하며 복음을 전했다.

제자들이 했던 모든 사역의 열매는 제자훈련에서 비롯되었다. 많은 목회자가 '어떻게 하면 교회를 빨리 부흥시킬 수 있을까?'를 생각하며 조급해한다. 조급해하는 동기는 무엇인가? 대체 누구를 위한 부흥인가? 주님은 조급해하거나 염려하지 않으셨다. 그저 매일 자신의 일을 하셨다. 예수님이 3년 동안 전심전력을 다해 제자 열두 명을 훈련하셨다면, 목회자도 당연히 그렇게 해야 한다. 희생하고 인내하며 제자 삼는 일에 힘쓰다 보면 열매를 맺게 하실 것이다.

오늘날 제자훈련의 열매를 맛보고 있는 교회들을 살펴보면 탁월한 목회자, 탁월한 환경과 조건, 좋은 만남을 고루 갖춘 교회가 아님을 알 수 있다. 오히려 열악한 환경에서 부족하지만 주님께서 행하신 제자훈련을 어리석어 보일 정도로 따라 하는 교회들이 제자훈련을 잘한다. 주님께서 말씀하신 대로 온 열정을 쏟아 보자. 상황과 환경을 돌아보지 말고 그저 주님의 명령과 그분이 가신 길만 붙들고 나아가자. 이것이 제자훈련이다. 우리는 예수님께 제자훈련을 배워야 한다.

제자훈련과 건강한 교회

우리나라 국가 대표 축구팀 감독을 역임한 히딩크가 부임 초기에 한국 프로 축구를 본 뒤 '걸어 다니는 경기'라고 평했다. 기초체력의 부재가 한국 축구의 가장 큰 걸림돌이라는 것이다. 대표 팀의 기초체력을 키우려고 히딩크가 선택한 것은 캐나다 스포츠 과학자 레거 박사가 개발한 '셔틀 런'(Shuttle Run)이라는 프로그램이었다. 셔틀 런은 20m 구간을 21단계로 나눠 카세트나 CD의 신호음에 맞춰 적절히 속도를 조절하는 왕복 달리기이다. 심폐기능 강화에 효과가 있는 유산소 운동과 근력 강화에 필요한 무산소 운동을 반복함으로 지구력과 순발력이 함께 향상되었다고 한다.

건축에서 가장 중요한 것은 바로 기초공사다. 기초공사가 잘못되면 아무리 좋은 재료를 사용해도 절대 튼튼한 집이 될 수 없다. 또 땅을 잘 다져서 기초가 완벽해졌다고 해도 처음 놓는 벽돌이 불량품이라면 역시 튼튼한 집이 될 수 없다. 건축가들이 부실한 재료를 사용하고 졸속으로 건물을 지어서 생기는 부실 공사가 얼마나 많은가? 집을 지을 때 사용되는 벽돌은 무엇보다 질이 좋아야 한다. 적당한 강도로 구워졌는지, 규격에 맞는지를 살펴보아야 한다. 충분히 잘 말린 벽돌이 아닌데도 시간이 없다는 이유만으로 급하게 사용할 때 일어나는 부작용은 언급하지 않아도 짐작할 수 있다. 바르셀로나의 성가정교회는 건축가 가우디가 전 생애를 바칠 계획으로 지은 건축물로, 1883년에 건설을 위탁받았다. 그가 모든 일을 포기하고 이 일에만 매달렸음에도, 결국 완성하지 못하고 죽었다. 비록 미완성이지만 성가정교회는 튼튼하고 아름다워서 지금까지도 수많은 관광객과 전문가의 찬사를 받고 있다. 교회의 외형 뿐만 아니라 내적인 부분에서도 엄격하고 세밀하게 기초를 다져야 할 것은 두말할 나위가 없다.

교회에 오래 다녔고 십일조를 한다는 이유로 집사와 장로를 세운다면, 교회가 힘 있는 공동체가 될 수 있겠는가? 교회는 사탄의 세력을 물리치고 세상을 이끌어야 하는 생명 공동체이기 때문에, 그 어떤 공동체와도 비교할 수 없는 강한 응집력이 필요하다. 잘못 세워진 직분자들로 주님의 나라가 손상된다면 그것은 참으로 안타까운 일이다. 이러한 문제를 해결하는 것이 바로 제자훈련이다.

교회는 분열해서는 안 된다. 적과 싸움도 해보지 못하고 내분으로 자멸하는 것은 어처구니없는 일이다. 그러나 교회의 이런 모습은 초대교회에도 있었고, 종교개혁 후에도 나타났다. "이상하다. 답답하다. 미칠 지경이다. 마귀와 싸워야 할 성도들이 자기들끼리 싸우고 있으니"라고 한 천로역정의 저자 존 번연의 말은 교회의 상황을 잘 표현했다. 목회자는 이러한 사실에 유의해야 한다. 일꾼이 필요하다고 해서 준비되지 않은 사람을 직분자로 세워서는 안 된다. 잠깐은 유익할지 몰라도, 영적으로 미성숙한 직분자가 많은 교회의 미래는 밝지 않다. 훈련되지 않은 영적 어린아이들은 교회가 교회의 역할을 감당하는 데 도움이 되지 않는다. 도리어 치명적인 방해가 되어 교회를 허물기도 한다.

제자훈련이 이러한 문제의 해결책이라고 자신 있게 말하는 이유는 오랜 시간 제자훈련을 하며 직접 다 겪어 봤기 때문이다. 성경에 나오는 모범적인 교회들을 살펴보는 것도 제자훈련의 시행착오를 줄이는 데 도움이 될 것이다.

제자훈련과 초대교회

예수님은 제자훈련으로 교회가 건강하게 세워지기 원하셨다. 예수님이 승천하신 뒤 그분의 사역을 이어받은 제자들이 세계로 흩어져 교회를 세웠다. '제자 삼는 일'은 초대교회의 가장 본질적인 사역이었다. 성경에 나타난 이상적인 교회들은 한결같이 제자훈련을 했다. 구체적으로 제자훈련이라는 말은 없지만 그들이 말씀의 가르침을 받은 결과를 통해 충분히 알 수 있다. 사도들은 열정으로 가르쳤고, 말씀을 배우는 성도들은 그 말씀을 새기고 일상에 적용했다. 사도와 성도의 노력이 하나 되어 일어난 변화야말로 우리가 주목해야 할 핵심이다. 성경에 나온 모범적인 세 초대교회의 특징을 살펴보자.

예루살렘 교회(행 2:42-47)

예루살렘 교회는 오늘날 우리가 배워야 할 부분이 많은 본이 되는 교회다. 예루살렘 교회는 성도 간에 서로 사랑으로 교제했다(42절). 서로 위로하고 격려하는 사랑의 교제가 있었다. 또한 그들은 항상 주님을 모시고 살았다(46절). 성도들은 떡을 떼며 십자가의 사랑과 부활의 감격으로 언제나 주님 중심의 삶을 살았다. 그들은 기도에 전념했다(42절). 함께 모여 합심하여 기도했고 그 기도를 통해 구하고 응답받는 은혜를 경험했다. 그들은 사랑을 실천했다(44-45절). "모든 물건을 서로 통용하고 또 재산과 소유를 팔아 각 사람의 필요를 따라 나눠 주며"라는 말씀에서 당시 성도들의 끈끈한 형제애를 추측할 수 있다. 그리고 그들은 하나님을 찬양했다(47절). 이러한 사실로 미루어 보아 그들이 주님에 대한 사랑과 감사의 삶을 살았음을 알 수 있다. 그들은 모든 백성에게 칭찬을 받았다(47절). 예수님을 믿고 나서 그들의 삶에 나타난 뚜렷한 변화는 모든 사람에게 칭찬받기 충분했다. 또한 예루살렘 교회에는 구원받는 사람이 날마다 더해졌다. 교회가 존재하는 이유는 영혼 구원이다. 아무리 삶이 바뀌고 기도를 많이 한다고 해도 전도가 되지 않는다면 가장 중요한 것이 빠진 것이다. 건강한 교회와 생명력 있는 소그룹은 끊임없이 구원받는 사람이 날마다 더해질 때 가능한 것이다. 말씀대로 살려고 애쓰는 예루살렘 교회에 구원받는 사람을 날마다 더하신 것에 주목해야 한다.

초대교회 성도들의 아름다운 모습은 사도의 가르침을 받았기 때문이다(42절). 하나님의 말씀을 배우는 일에 열심이었던 초대교회 성도처럼 오늘날 교회가 제자훈련에 힘을 쏟는다면 예루살렘 교회처럼 영향력 있는 교회가 되어 이 땅에서 빛과 소금의 역할을 감당할 수 있을 것이다.

안디옥 교회(행 11:22-30)

스데반에게 일어난 박해로 예루살렘 성도들이 흩어졌고, 이 일을 계기로 안디옥 교회가 세워졌다. 이방에 처음으로 세워진 안디옥 교회는 '그리스도인'(그리스도의 것이라는 뜻)이라는 새로운 명칭을 받고, 이방 전도의 본부로 급성장했다. 특히 로마 황제 글라우디오 때에 흉년이 들어 예루살렘 교회가 어려움에 처하자, 안디옥 교회는 구제금을 모아 바나바와 바울에게 전달하기도 했다. 안디옥 교회의 목회자로 파송받은 바나바는 교회의 외적 성장에 만족하지 않고 건강한 교회를 추구했다. 바나바는 "주와 함께 머물러 있으라"라고 권면했다. 건강한 교회에는 가시적인 부흥뿐 아니라 내적인 부흥이 있다.

안디옥 교회가 이러한 교회가 될 수 있었던 이유는 성도들에게 말씀을 가르쳤기 때문이다. 바나바와 바울은 온 힘을 다해 말씀을 가르쳤다. 그 결과 안디옥 교회는 사도의 가르침을 받아 지상 명령인 선교의 사명을 감당하며 형제 사랑을 실천할 수 있었다.

데살로니가 교회(살전 1:6-10)

바울의 선교에서 시작된 데살로니가 교회는 많은 핍박 속에서도 주님을 본받는 교회였다. 데살로니가 교회는 유대인들에게서 많은 핍박을 받고 있었지만, 그런 상황을 잘 견디면서 마게도냐와 아가야의 모든 믿는 성도에게 본보기가 되었다(6-7절). 유대인은 사람들을 선동하여 핍박했고, 데살로니가 성도들은 성령이 주시는 기쁨으로 하나님의 말씀을 지켰다. 성령의 기쁨으로 말씀을 받고 주님을 본받아 복음의 영향력을 확대했다.

또한 데살로니가 교회는 우상을 버리고, 살아 계시며 참된 하나님을 섬겼다(9절). 데살로니가 성도 대부분은 헬라인들로, 우상숭배를 했던 과거가 있었지만 복음을 받고서 우상을 버리고 하나님께로 돌아왔다. 살아 계신 하나님에 대한 확신이 있었기 때문에 이들의 삶에 구체적인 증거가 나타났다. 그들은 주님의 재림을 사모했다. 데살로니가 교인들은 주님을 만나기를 간절히 기다렸다. 데살로니가 교회는 주님을 뜨겁게 사랑하는 교회였다(10절).

재림에 대한 믿음과 사모하는 마음은 미래를 믿음의 눈으로 보게 하며, 오직 주님만 바라보며 달려갈 소망을 품게 한다. 또한 재림에 대한 기대는 삶에서 성결에 대한 열망으로 나타난다.

이러한 아름다운 모습은 하나님의 말씀을 기쁨으로 받은 결과이다. 하나님의 말씀을 기쁨으로 받은(6절) 데살로니가 교인들에게 당연한 결과라고 할 수 있다. 말씀의 가르침에 순종할 때 그 열매는 모든 부분에서 놀랍게 나타난다.

제자훈련을 하는 목회자가 나아갈 길

예수님은 제자들에게 자신의 사역을 위임하셨다. 사역을 위임하시기에 앞서 예수님 자신이 하늘과 땅의 권세를 가진 하나님이라는 것을 밝히셨다. 그러므로 이 명령은 도무지 거역할 수 없는 준엄한 명령이었다. 제자 삼는 사역은 피할 수 없는 본질적인 사역인 것이다.

마태복음 28장 19-20절 말씀에서 주동사는 '가라'와 '제자 삼으라'라는 명령형으로, 제자 삼기 위해서는 먼저 가서 전도하고 세례를 주어 가르쳐야 한다는 것을 알 수 있다. 제자들은 사마리아와 땅 끝까지 흩어졌다. 그리고 가는 곳마다 제자를 삼았고 교회를 세웠다. 만약 제자훈련으로 교회가 성장했다면, 그것은 제자들을 파송하여 곳곳에 건강한 교회를 세우라는 주님의 뜻이다. 주님은 제자 삼는 사역을 위해 우리가 삶을 불태우기 원하신다.

> "예수께서 나아와 말씀하여 이르시되 하늘과 땅의 모든 권세를 내게 주셨으니 그러므로 너희는 가서 모든 민족을 제자로 삼아 아버지와 아들과 성령의 이름으로 세례를 베풀고 내가 너희에게 분부한 모든 것을 가르쳐 지키게 하라 볼지어다 내가 세상 끝날까지 너희와 항상 함께 있으리라 하시니라." 마 28:18-20

제자훈련을 하다보면 평신도들이 교회의 동역자로 세워지고, 교회가 수적으로도 부흥하는 것을 경험하게 된다. 그럴수록 초심을 지켜야 한다. 제자 삼는 사역이 목회자를 스타로 만들거나 교회를 키우기 위한 수단이 되어서는 안 된다.

제자훈련을 하는 목회자는 한 영혼을 주님께 인도하여 주님의 제자로 삼겠다는 자세를 잃지 말아야 한다. 제자훈련의 가장 큰 기쁨은 한 사람이 변하여 주님의 제자가 되는 것이다. 변하지 않을 것처럼 보였던 사람들이 변화되어 주님의 제자로 살고자 애쓰는 모습을 보는 것보다 더 큰 감격은 없다.

중소교회 제자훈련지도자 세미나에 참석한 목회자들과의 대화 가운데 도전이 되는 몇 가지 사례가 있다. 어떤 목회자는 자신의 노력으로는 결코 변화되지 않던 자녀가 제자훈련을 받고 변화되었다고 말했다. 그 목사는 그 사실에 흥분을 감추지 못했다. 60대 중반의 한 목사는 자신의 아내를 포함하여 세 명이 제자훈련을 수료했는데, 모두 나이가 지긋한 직분자들이었다고 한다. 지금 그들이 변하여 교회 안에서 동역자로 섬기고 있다며, 왜 자신이 제자훈련을 늦게 알았는지 너무 아쉽다고 했다. 또한 60대 초반의 한 목회자는 65세에 은퇴할 계획을 세웠으나 제자훈련을 시작한 이후의 열매를 보며 70세까지 사역하겠다고 말했다. 제자훈련의 열매를 보며 지난 목회에 대한 아쉬움을 표현한 것이다. 제자훈련의 목적은 교회를 엘리트화하거나 대형화하려는 게 아니다. 그러므로 제자훈련으로 교회가 크는 것에 집중하지 말고, 한 영혼이 제자로 세워지는 것을 보며 기뻐해야 한다.

　제자훈련을 하는 목회자가 한 영혼에 대한 열정과 사랑이 없다면 이미 목회자로서의 영성을 상실한 것이다. 목회자는 교회의 규모가 커질수록 한 영혼에 대한 관심을 잃지 않기 위해 뼈를 깎는 노력을 해야 한다. 그리고 지속적으로 제자들을 파송하여 교회를 개척해야 한다. 제자훈련으로 교회를 대형화하는 것이 아니라, 교회를 개척하거나 분립하여 여러 지역에 주님의 제자들이 동역하는 건강한 교회를 세우는 것이 가장 바람직한 열매라고 할 수 있을 것이다.

　예루살렘 교회에 대한 대대적인 핍박은 성도들을 각지로 흩어지게 했고, 이것은 사마리아와 이방세계까지 복음이 퍼지는 계기가 되었다. 이 사건을 통해 교회가 한 지역에서 대형화되는 것보다 여러 지역으로 흩어져 복음이 전파되기를 바라셨던 하나님의 마음을 읽을 수 있다.

"사울은 그가 죽임 당함을 마땅히 여기더라 그 날에 예루살렘에 있는 교회에 큰 박해가 있어 사도 외에는 다 유대와 사마리아 모든 땅으로 흩어지니라." 행 8:1

한 영혼을 천하보다 귀하게 여기는 철학을 붙잡고 달려가는 목회자라면 어떤 경우라 해도 최선을 다할 수 있을 것이며, 주님께 칭찬받을 것이라고 단언한다.

제자훈련에 임하는 목회자의 각오와 자세

제자훈련에는 목회자의 인내와 열정이 필요하다. 제자훈련은 개인의 문제를 하나님의 말씀으로 씻고, 사람을 양육하여 예수님의 제자로 세워가는 훈련이기 때문에 지도자인 목회자의 각오와 자세가 무엇보다 중요하다. 한 사람을 제자로 세우는 일에는 엄청난 수고와 노력이 필요하기 때문에 제자훈련을 하려고 하는 목회자는 몇 가지를 점검하고 제자훈련을 시작하는 것이 좋다.

용기 있게 각오하라

바울은 자신이 이방인들에게 넘겨져 고난당할 것이라는 사실을 알면서도 예루살렘으로 갔다. 동역자들이 가지 말라고 눈물로 호소했지만 바울은 "여러분이 어찌하여 울어 내 마음을 상하게 하느냐 나는 주 예수의 이름을 위하여 결박당할 뿐 아니라 예루살렘에서 죽을 것도 각오하였노라"(행 21:13)라고 말하며 예루살렘으로 갔다. 순교를 각오한 바울이 맺은 열매는 일일이 다 열거할 수 없을 정도로 풍성하다. 예수님의 십자가 고난의 결과는 부활로 나타났다. 고난을 겪으시고 나서야 영광의 감격을 누리셨다. "현재의 고난은 장차 우리에게 나타날 영광과 비교할 수 없도다"라는 로마서 8장 18절을 기억하며 사역에 임해야 한다.

제자훈련은 먼저 자신과의 싸움이다. 그리고 사람들과의 싸움이며 사탄과의 싸움이기도 하다. 그러므로 대충 일을 처리하듯이 해서는 안 된다. 특히 전통적인 교회에 익숙한 교인들과의 부딪힘을 각오해야 한다. 어린아이를 키우는 일은 얼마나 힘이 드는가? 하물며 영적인 어린아이를 예수님의 제자로 키우는 일은 모진 마음을 먹지 않고는 불가능한 것이다. 세상 일은 확실하게 해도 교회 일은 적당히 하고 넘어가려는 사람들이 생각보다 많다. 이런 사람들의 생각에 이끌려 적당히 하다 보면 제자훈련에 실패할 수밖에 없다. 제자훈련에 실패한 목회자들을 살펴보면, 성도들이 처한 상황을 너무 봐 주었거나 마음이 좋아 적당하게 넘어간 경우가 대부분이다. 때로는 성도들이 강한 훈련을 거부하며 목회자를 공격하기도 한다. 그러나 어떤 경우라도 목회자는 성령의 도우심을 구하며 끈기 있게 훈련해야 한다. 그래야 열매를 맺을 수 있기 때문이다.

제자훈련에 반발하여 다른 교회로 가는 성도들을 보면서 '꼭 이런 식으로 목회를 해야만 하는가' 하는 회의가 들 수도 있다. 그러나 이것 또한 믿음으로 이겨내야 한다. 예수님의 제자를 세우는 데 방해가 없는 게 오히려 이상한 일이 아닐까?

예수님의 제자들로 하나님의 나라가 확장된다면 목회자가 겪는 어려움은 오히려 영광이 될 수 있다. "이제 내가 사람들에게 좋게 하랴 하나님께 좋게 하랴 사람들에게 기쁨을 구하랴 내가 지금까지 사람들의 기쁨을 구하였다면 그리스도의 종이 아니니라"라고 한 갈라디아서 1장 10절의 말씀은 제자훈련을 시작하려는 목회자들이 깊이 묵상해야 할 말씀이다.

세상의 타성에 젖은 사람들을 말씀으로 씻어 내는 작업은 결코 쉽지 않다. 그러므로 마음을 굳게 해야 한다. 아니 마음을 독하게 먹어야 한다는 말이 더 어울릴 듯하다. 단추는 처음부터 잘 끼워야 한다. 제자훈련을 시작하기 전에 목회자는 먼저 자기 자신을 철저하게 점검하라. 강한 훈련으로 강한 군사가 나온다. 주님의 군사를 훈련하는 조교의 각오로 시작하자.

기쁨과 감사의 태도를 가지라

2002년 한국 축구가 월드컵 4강에 들 수 있었던 이유 가운데 하나는, 히딩크가 국가 대표 팀을 맡았기 때문이다. 선수들의 표정이 눈에 띄게 밝아졌다. 훈련이 너무 고되고 힘들어서 입에서 단내가 나도 훈련을 게임처럼 즐기라는 것이 히딩크식 훈련이었다고 한다. 하나님은 무슨 일이나 즐거운 마음으로 하는 것을 좋아하신다. 믿음의 사람들은 하나님의 약속이 이루어지리라 믿고 기쁨으로 섬겼다.

예수님이 행하신 제자훈련의 열매는 오늘날까지 세계 곳곳에서 영향력을 미치고 있다. 주님이 행하신 사역을 우리에게 위임하신 것은 너무나 황송한 일이 아닐 수 없다. 그래서 영혼에 대한 사랑과 복음의 열정으로 달린 믿음의 선배들은 어떤 경우에도 기죽지 않았다. 언제나 기쁨과 감사로 섬겼다. 바울은 고린도후서 4장 8-9절에서 "우리가 사방으로 우겨 쌈을 당하여도 싸이지 아니하며 답답한 일을 당하여도 낙심하지 아니하며 박해를 받아도 버린 바 되지 아니하며 거꾸러뜨림을 당하여도 망하지 아니하고"라고 고백했다. 또한 감옥 안에서는 도리어 성도를 위로하기까지 했다. "주 안에서 항상 기뻐하라 내가 다시 말하노니 기뻐하라"(빌 4:4).

주님이 행하신 제자훈련에는 반드시 풍성한 열매가 맺힌다는 확신을 품는다면 어떤 상황에서도 기쁨으로 섬길 수 있다. 이미 주님이 보여주신 열매를 보고도 두려워하고 염려한다면 이는 불신앙적인 모습이다. 감사의 제사를 받으시는 하나님은 감사와 즐거움으로 섬기는 제자훈련 사역자들을 통해 영광 받으실 것이다. 제자훈련을 시작해 보라. 감사와 감격이 넘칠 것이다. 기대감으로 시작해도 좋다. 지금부터 즐거움으로 제자훈련 하겠다는 각오를 다지라.

제자훈련과 평신도 사역

목회자 혼자서 교회를 섬기는 것보다 훈련받은 평신도들과 함께 섬길 때, 훨씬 더 큰 성장과 변화를 맛볼 수 있다. 훈련된 평신도 리더는 교회 사역에 책임감과 주인 의식을 가지고 목회자와 동역하기 때문이다. 연탄 배달부에게 가장 힘든 시간은 언덕을 올라갈 때이다. 그럴 때 도와주는 사람이 있으면 한결 쉽게 올라갈 수 있다. 이와 같이 목회자 혼자서 하는 것보다 평신도의 도움을 받으면 훨씬 더 효과적이다. 목회자 혼자서는 한계가 있다. 그러므로 훈련된 평신도와 동역한다면 그보다 이상적인 목회는 없을 것이다.

    교회 내에 직분자는 많아도 정작 마음을 같이하여 일할 사람은 몇 명 되지 않거나 아예 없는 경우도 있다. 오히려 직분자가 목회를 방해하는 사례도 적지 않다. 영적으로 성숙하지 못한 직분자는 사역에 아무런 유익을 주지 못한다. 오히려 교회의 짐이 되는 경우가 더 많다. 손수레를 끌고 가는 엄마 곁에 장성한 아들이 있는 경우와 젖먹이 어린아이가 있는 경우를 생각해 보라. 교회의 사역은 사탄과의 싸움이다. 그러므로 영적으로 미성숙한 어린아이들에게서 사역의 열매를 기대할 수 없다.

초대교회가 생동감 있게 하나님의 복음을 잘 전할 수 있었던 비결은 바로 좋은 평신도 동역자가 있었기 때문이다. 그중에는 브리스길라와 아굴라 부부처럼 사도 바울을 도운 평신도 지도자들이 있었다. 그들은 바울이 에베소로 복음을 전하러 갈 때 자신의 사업을 정리하고 자청하여 따라 갈 정도로 열심이 있는 사람들이었다. 그들은 바울이 고린도에 머무는 1년 6개월 동안 바울에게서 말씀 훈련을 받았고, 그 결과 좋은 평신도 지도자가 되었다. "1년 6개월을 머물며 그들 가운데서 하나님의 말씀을 가르치니라"(행 18:11). 이렇게 훈련된 브리스길라와 아굴라 부부는 바울의 목숨을 위해 자기들의 생명까지 내놓을 만큼 귀한 동역자가 되었다(롬 16:3-4). 그 밖에도 바울에게는 많은 평신도 동역자가 있었다. 바울이 평신도들에게 열정적으로 말씀을 가르쳤기 때문이다.

"바나바가 사울을 찾으러 다소에 가서 만나매 안디옥에 데리고 와서 둘이 교회에 일 년간 모여 있어 큰 무리를 가르쳤고 제자들이 안디옥에서 비로소 그리스도인이라 일컬음을 받게 되었더라." 행 11:25-26

"어떤 사람들은 마음이 굳어 순종하지 않고 무리 앞에서 이 도를 비방하거늘 바울이 그들을 떠나 제자들을 따로 세우고 두란노 서원에서 날마다 강론하니라 두 해 동안 이같이 하니 아시아에 사는 자는 유대인이나 헬라인이나 다 주의 말씀을 듣더라." 행 19:9-10

결국 초대교회가 성장할 수 있었던 여러 요인 중에 빼놓을 수 없는 중요한 부분이 평신도 동역자와 함께한 팀 목회라 할 수 있다. 사도 바울은 로마서 16장에서 평신도 동역자를 소개하며 그들을 자랑하고 그들의 동역에 감사한다. 하나님 나라의 사역은 훈련된 그리스도인을 통해 확장되기 때문이다.

교회를 개척하고 얼마 되지 않았을 때 이웃 교회 목사님께 이런 질문을 한 적이 있다. "목사님이 믿고 사역을 맡길 만한 동역자가 교회 안에 몇 명이나 됩니까?" 출석 성도 200여 명 정도 규모의 교회를 목회하던 그 목사님은 한참 생각하다가 "한 명입니다"라고 대답했다. 그 교회는 직분자가 많은 교회인데, 이런 대답이 나왔다는 사실이 충격이었다. 몇 년 뒤 목회자를 위한 제자훈련 강의를 하던 중, 그 목사님이 회중의 자리에 앉아 계신 것을 보고 깊은 감회를 느꼈다.

그리스도의 몸된 교회 성도들은 지체이다. 그러므로 하나가 되어 복음을 전해야 한다. 그런데 몸의 중요한 부분들이 따로 놀고 있다면 이는 참으로 안타까운 일이 아닐 수 없다. 목회자와 평신도 지도자가 주님이 주신 비전 앞에서 합심할 때, 교회가 교회로서의 역할을 잘 감당하게 될 것이다.

제자훈련은 바로 이런 취약점을 해결해 준다. 그리스도인들의 형제 의식(지체 의식)을 키우고 교회를 사랑의 공동체로 만들 힘은 하나님 말씀의 능력 외에 그 어떤 것도 없다. 물론 이렇게 되기까지는 오랜 시간이 걸린다. 하지만 낙심하지 않고 제자훈련에 최선을 다한다면 훌륭한 평신도 동역자와 함께 주님이 원하시는 풍성한 열매를 맺게 된다는 것을 확신한다.

제자가 갖추어야 할 조건

공관복음과 사도행전에서 많이 나오는 '제자'라는 말은 넓은 의미로는 예수님을 따르는 사람들을 가리키고, 좁은 의미로는 예수님의 열두 제자를 지칭한다. 성경에서 제자라고 불린 사람들은 예수님의 열두 제자와 전도자 70명(눅 10:1, 23) 그리고 아리마대 요셉(마 27:57) 등이 있다. 특히 주님은 그리스도를 구주로 믿는 모든 사람이 제자 되기를 원하셔서 "너희는 가서 모든 족속으로 제자를 삼아"(마 28:19)라고 말씀하셨다.

제자의 어원인 히브리어 '라마드'는 '뾰족한 막대기로 찌르다'라는 의미가 있다. 이는 뾰족한 막대기로 자극을 주어 능숙한 자나 노련한 자로 만든다는 뜻이다. 이처럼 제자는 예수님께서 사역하시면서 보여주신 삶의 모습을 닮아 가고 그분의 말씀과 뜻을 받들어 섬기는 작은 그리스도를 뜻한다.

예수님은 공적인 사역에 힘을 쓰면서도 제자들을 가르쳐 하나님의 나라가 확장되기를 바라셨다. 예수님의 주위에는 두 부류의 사람이 있었다. 한 부류는 단지 예수님에 대한 호기심과 무언가 얻을 수 있을 거라는 기대감에 모인 사람들이었다. 그중에는 구경꾼도 있었고, 바리새인같이 예수님의 약점을 잡으려는 자칭 심판관도 있었다. 다른 부류의 사람은 바로 제자들이었다. 제자들은 주님의 뜻을 받들어 하나님 나라 확장을 위해 섬기는 사람들이었다. 주님은 제자들을 통해 일하셨다. 그 결과 오늘날 우리가 복음의 기쁨을 누릴 수 있게 되었다.

교회 안에도 두 부류의 사람이 있다. 바로 무리와 제자이다. 목회자는 구경꾼이나 심판관의 위치에 있는 무리를 제자로 삼아 복음 사역에 동참하게 할 의무가 있다. "예수께서 나아와 말씀하여 이르시되 하늘과 땅의 모든 권세를 내게 주셨으니 그러므로 너희는 가서 모든 민족을 제자로 삼아 아버지와 아들과 성령의 이름으로 세례를 베풀고 내가 너희에게 분부한 모든 것을 가르쳐 지키게 하라"라는 마태복음 28장 18-20절 말씀으로 주님의 뜻을 잘 알 수 있다.

주님은 영혼 구원을 위해 모든 것을 다 바치셨다. 예수님은 섬김과 희생 없이 하나님의 나라는 확장되지 않는다는 사실을 너무나 잘 알고 계셨다. 십자가를 지고 주님을 따를 때 비로소 사역을 계승할 수 있다는 사실을 아셨다. 그래서 주님은 "제자 삼으라"라고 말씀하셨다. 적어도 제자들은 예수님과 함께 고난을 받아야 할 의무가 있었다.

제자는 주님의 마음을 품고 사는 자들로 주님을 닮아가는 작은 예수의 모습을 나타낸다. 제자들은 선교의 사명을 위해 부름 받은 자들이다. 예수님께서 말씀하신 자기 십자가를 지고 따라가는 자들이다. 주님의 비전을 자신의 비전으로 삼아 땅 끝까지 복음 전파에 헌신하는 자들이다.

동행

사람이 존귀한 존재인 이유는 인체의 오묘함이나 어떠한 업적 때문이 아니다. 사람은 하나님과 대화하고 함께할 수 있는 존재이기 때문에 존귀하다. 웨스트민스터 사원에 세워진 요한 웨슬리의 비문에는 보는 사람에게 감명을 주는 세 가지 문구가 기록되어 있다. 첫째, 세계는 나의 교구다. 둘째, 하나님은 그분의 일꾼을 땅에 묻으시지만 하나님의 일은 계속된다. 셋째, 세상에서 가장 좋은 것은 하나님이 우리와 함께하신다는 것이다.

제자의 첫 번째 특징은 자신이 예수님께 속해 있음을 자신 있게 드러낸다는 점이다. "누구든지 내 음성을 듣고 문을 열면 내가 그에게로 들어가 그와 더불어 먹고 그는 나와 더불어 먹으리라"(계 3:20)라는 말씀처럼 주님이 우리와 동고동락하신다는 사실을 깊이 인식하며 살아야 한다. 이 세상에서 누구도 우리와 영원히 함께 살 수 없다. 그러나 주님은 우리와 영원히 함께하신다는 사실에 감격과 기쁨이 있어야 한다. 다시 말해, 그리스도를 누구에게나 자랑할 수 있는 확신이 있어야 하는 것이다.

예수님과 함께하는 삶은 많은 열매를 얻을 수 있다. 이 사실은 요한복음 15장 5-8절을 보면 더욱 분명히 알 수 있다.

> "나는 포도나무요 너희는 가지라 그가 내 안에, 내가 그 안에 거하면 사람이 열매를 많이 맺나니 나를 떠나서는 너희가 아무것도 할 수 없음이라 사람이 내 안에 거하지 아니하면 가지처럼 밖에 버려져 마르나니 사람들이 그것을 모아다가 불에 던져 사르느니라 너희가 내 안에 거하고 내 말이 너희 안에 거하면 무엇이든지 원하는 대로 구하라 그리하면 이루리라 너희가 열매를 많이 맺으면 내 아버지께서 영광을 받으실 것이요 너희는 내 제자가 되리라."

제자들은 자신이 예수님과 연합되었다는 사실을 한시도 잊지 말아야 한다. 주님은 제자들이 자신과 동일한 삶을 살기를 원하신다. 그러므로 어떤 일이든 주님과 의논하며 살아야 한다. 삶의 한 부분에서라도 예수님을 제외해서는 안 된다. 대체적으로 사람들은 작은 일은 혼자 처리하고 큰일만 주님과 의논하려고 한다. 주님은 어떤 일이든지 함께하기를 바라신다. 매우 하찮아 보이는 일까지도 말이다. 제자훈련을 하는 목회자들은 이 사실을 거듭 강조해야 한다. 그뿐만 아니라 스스로 그런 삶을 살 때 제자훈련의 열매를 맺게 될 것이다.

사랑

영국 제임스 헤드필드 박사의 『힘의 심리학』(The Psychology of Power)이라는 책에서 다음과 같은 일화가 나왔다.

한밤중 군수품 공장에 폭발 사고가 발생했다. 그런데 이 공장에서 한 여인의 남편과 아들이 일하고 있었다. 여인은 공장 쪽에서 폭발 소리가 들리자, 잠자리에서 벌떡 일어나 사람이 걸어서 도착할 수 없는 먼 곳에 있던 공장에 믿을 수 없이 빠른 속도로 도착했다. 이는 여인에게 가족을 사랑하는 마음이 있었기 때문에 가능한 일이었다. 이처럼 사랑의 힘은 어떤 일도 해낼 수 있게 한다. 주님에 대한 사랑 없이 교회의 부흥이나 자신의 꿈을 이루고자 제자훈련을 이용한다면, 제자훈련은 단순히 하나의 프로그램으로 전락하고 말 것이다. 제자는 예수님을 사랑해야 한다. 사랑 없이는 그 어떤 일도 이룰 수 없다. 주님을 사랑하는 것이 얼마나 큰 힘과 능력이며 기쁨인가를 안다면 그는 제자로 살고 있다고 할 수 있을 것이다.

세상의 것을 사랑하면 이기적인 사람이 되고 마음이 좁아지지만, 주님을 사랑하면 그 어떤 것도 포용하는 넓은 마음을 지니게 된다. 세상을 사랑하면 가난하게 되지만, 주님을 사랑하면 부자가 되어 바다라도 품을 수 있다. 주님을 사랑하는 마음을 품은 사람은 자신을 하나님의 시각에서 바라볼 수 있다. 그리고 그 사랑으로 다른 이웃을 애통한 마음으로 바라본다. 그들에 대한 안타까움 때문에 복음을 전하는 사명자의 역할을 감당할 수 있는 것이다.

오늘날 목회자들이 제자훈련에 실패하는 이유 가운데 하나가 성도를 자신의 제자로 만들려고 하기 때문이다. 제자는 스승의 모습을 닮는다. 그렇다면 부족하고 흠투성이인 목회자의 제자로 만들어서 어떤 일을 할 수 있겠는가? 예수님의 성품을 닮은 그분의 제자를 세워야 한다. 예수님을 그 무엇보다도 사랑하는 자가 그분의 제자이다.

> "무릇 내게 오는 자가 자기 부모와 처자와 형제와 자매와 더욱이 자기 목숨까지 미워하지 아니하면 능히 내 제자가 되지 못하고." 눅 14:26

> "이와 같이 너희 중의 누구든지 자기의 모든 소유를 버리지 아니하면 능히 내 제자가 되지 못하리라." 눅 14:33

제자훈련의 목적은 주님을 그 무엇보다 사랑하는 사람이 되는 데 있다. 주님을 사랑하지 않으면서 주님의 일을 한다면 외식과 자기 과시의 함정에 빠질 수밖에 없다.

순종

풍성한 열매를 맺은 믿음의 사람들이 갖춘 기초는 언제나 순종이었다. 순종에서 모든 일이 시작된다. 하나님께 온전히 순종하지 않고 맺은 열매가 있다면, 이는 그분과 무관한 개인의 업적에 불과하다. 아브라함이 믿음의 조상이 된 것은 순전히 순종의 결과였다.

주님을 사랑하는 자는 그리스도의 말씀에 순종한다. 사람은 사랑하는 사람의 말이라면 마음에서부터 받아들인다. 연애하는 젊은이들을 보면 잘 알 수 있다. 사랑하는 사람의 말은 무조건 믿고 따른다. 불완전하고 거짓이 많은 세상에서의 사랑도 이러한데, 신실하고 변하지 않는 하나님을 사랑하는 우리는 어떠해야 하겠는가?

십자가의 사랑에 감격한 사람들은 한결같이 말씀에 절대적으로 순종했다. 그들은 주님의 말씀이라면 무조건 순종했다. 말씀을 배움으로 주님의 사랑을 깨달은 성도들이 순종하는 모습이 성경에 많이 나온다. 베뢰아 사람들이 그러했다. "베뢰아에 있는 사람들은 데살로니가에 있는 사람들보다 더 너그러워서 간절한 마음으로 말씀을 받고 이것이 그러한가 하여 날마다 성경을 상고하므로"(행 17:11). 그리고 두란노 서원에서 2년 동안 가르침을 받았던 성도들에게서도 이런 모습을 볼 수 있다. "아시아에 사는 자는 유대인이나 헬라인이나 다 주의 말씀을 듣더라"(행 19:9-10). 제자훈련은 하나님의 말씀을 지식적으로 배우는 데 그 목적이 있지 않다. 제자훈련의 목적은 영의 양식인 하나님의 말씀을 받아먹는 데 있다. 베뢰아 사람들처럼 간절한 마음으로 말씀을 받고, 삶에서 주님을 사랑하는 모습과 변화된 모습이 나타나야 한다. 제자는 그리스도의 말씀을 지킨다는 사실을 주님도 말씀하셨다.

"너희가 나를 사랑하면 나의 계명을 지키리라." 요 14:15

"너희가 내 말에 거하면 참으로 내 제자가 되고." 요 8:31

이 세 가지 조건을 갖춘 제자는 영혼 구원의 열매를 맺는다. 또 인격적으로 하나님을 만났기 때문에 그들의 성품도 변한다. 주님은 제자들을 통해 영광을 받으실 뿐 아니라 열매를 주신다고 말씀하셨다. "너희가 나를 택한 것이 아니요 내가 너희를 택하여 세웠나니 이는 너희로 가서 열매를 맺게 하고 또 너희 열매가 항상 있게 하여 내 이름으로 아버지께 무엇을 구하든지 다 받게 하려 함이라"(요 15:16). 제자훈련이 '제자 삼으라'는 주님의 명령에 순종하는 것임을 확신하는 자는 아무런 이유나 핑계를 대지 않고 제자훈련을 하게 될 것이다. 제자훈련은 순종의 문제이다. 제자훈련을 거부하고 불순종하면서 어떻게 건강한 교회를 꿈꾸고 주님의 사역을 계승할 수 있겠는가?

제자훈련으로 보는 목회자의 위치

영적 성장에 있어 교인들은 목회자에게서 가장 큰 영향을 받는다. 목회자는 양육의 책임과 의무가 있다. 많은 평신도가 말씀으로 양육받기를 간절히 갈망한다. 바른 양육이 되지 않은 교회일수록 목회자와 교인 간의 갈등이 심각하다. 제자훈련은 목회자와 평신도의 관계를 바로 정립하는 데 도움이 된다.

양육자

"자식을 기르기만 하고 가르치지 않는 것은 부모의 과오이다"라는 말이 있다. 목회자가 설교만 잘하면 된다고 생각한다면 이는 매우 잘못된 생각이다. 라디오나 TV 방송을 통해서도 얼마든지 좋은 설교를 들을 수 있다. 설교자로서의 역할도 중요하지만 목회자는 무엇보다도 양육자로서의 역할을 감당해야 한다.

교회는 성도들이 영적으로 성장하도록 잘 양육해야 한다. 단순히 지식을 전달한다고 해서 양육이 아니다. 또한 지식과 성숙은 별개의 문제다.

목회자는 양육을 위해 영적 어머니의 역할을 감당해야 할 의무가 있다. 부모는 자녀의 잘못을 보고 지적하여 바르게 교정한다. 그래도 교정이 되지 않으면 훈계하고 그다음에는 매를 들어 교육한다. 목회자도 이런 역할을 해야 한다. 단지 성도들의 귀를 즐겁게 해 주어 인기나 얻으려는 식의 목회는 성도를 망칠 뿐이다. 말씀으로 옳고 그름을 분별하고 죄에 민감하게 반응하도록 가르쳐야 한다. 이는 지속적인 양육으로 가능하다.

예레미야 3장 15절은 "내가 또 내 마음에 합한 목자들을 너희에게 주리니 그들이 지식과 명철로 너희를 양육하리라"라고 말씀한다. 목회자가 양육자로서의 역할을 바르게 수행한다면 오늘날 교회에서 일어나는 여러 아픔과 부조화에서 벗어날 수 있다. 성도가 바른 양육을 받고 성장하면 목회자의 짐을 나누어 함께 지고 하나님의 교회를 위해 좋은 일꾼으로 쓰임 받는 제자가 된다.

감독자

목회자는 양육과 함께 감독의 역할까지 해야 한다. 양육이 성장하는 데 필요한 부모와 같은 역할이라면, 감독은 특별한 분야의 전문가로 만들기 위해 필요한 역할이다.

사도행전 20장 28절은 이렇게 말씀한다. "여러분은 자기를 위하여 또는 온 양 떼를 위하여 삼가라 성령이 그들 가운데 여러분을 감독자로 삼고 하나님이 자기 피로 사신 교회를 보살피게 하셨느니라." 여기서 '감독'이라는 칭호는 '지키는 자들'(Over-seers)이라는 명칭의 후기 형태라고 한다. 목회자는 '지키고' '먹여야' 한다. 이 일을 위해 주님이 교회에 성령을 보내신 것은 큰 위로이다.

목회자가 사탄과 영적 전쟁을 치르는 교인들에게 감독의 역할을 하지 못하고 있다면 그것은 직무 유기다. 스포츠 감독이 선수를 위해 지적하고 격려하며 부족한 면을 보충하고자 훈련하는 게 당연한 것처럼, 목회자는 성도의 영적 감독으로서 의무 수행에 최선을 다해야 한다. 감독 역할은 쉬운 것이 아니다. 감독은 경기를 승리로 이끌기 위해 며칠 밤을 새우며 전략을 세우기도 하고, 경기 중에도 끊임없이 선수들을 격려하고 전략을 수정해야 한다. 이는 목이 타들어 가고 얼굴이 반쪽이 될 정도로 힘든 일이다.

감독인 목회자는 세상으로 나아가는 예수님의 군사들에게 튼튼한 무기를 주고 무기를 사용하는 방법을 알려 주어야 한다. 또한 어떤 상황에서도 이기는 군사가 되도록 온 정열을 쏟아 훈련해야 한다. 더 나아가 목회자는 양들을 위해 죽을 각오를 해야 한다. "선한 목자는 양들을 위하여 목숨을 버리거니와"(요 10:11). 이처럼 성도를 위해 아낌없이 다 준다는 각오로 제자훈련에 임할 때 복음의 동역자를 얻을 수 있다.

제자훈련의 열매를 위해 목회자가 해야 할 점검

많은 목회자가 제자훈련의 방법과 기술을 습득하고자 동분서주하는 모습을 많이 볼 수 있는데, 제자훈련은 어떠한 기술이 아니다. 오래전부터 알고 지냈던 한 목회자는 제자훈련을 너무나 잘 알고 있지만, 실제로 자신이 섬기는 교회에서는 제자훈련을 실시하지 못하고 있다. 이는 학문적인 이론을 갖추었거나 기술이 있다고 해서 제자훈련을 할 수 있는 것이 아니라는 사실을 잘 보여준다. 이론이나 기술보다 먼저 해결해야 할 문제가 있다.

말씀의 권위를 인정하라

말씀을 공부하다 보면 성도들이 말씀 앞에서 자신의 모든 것을 쏟아내며 눈물을 흘리는 모습을 자주 볼 수 있다. 이런 모습은 말씀에 대한 자세가 진지하지 않으면 불가능하다. 하나님의 말씀은 곧 그분의 인격이다. 그러므로 말씀 앞에서 진지하지 못한 목회자라면 제자훈련을 할 자격이 없다고 말해도 좋을 것이다. 성도들은 말씀을 삶에 적용하려고 노력하는데 정작 목회자 자신이 말씀을 삶에 적용하지 않는다면 어떻게 제자훈련을 성공하겠는가?

목회자는 먼저 말씀의 권위를 인정해야 한다. 교회 안에는 성경을 하나님의 말씀으로 온전히 믿지 않는 자들이 있다. 성경을 역사적인 자료나 문학 서적 또는 도덕적인 가르침을 주는 참고서쯤으로 보는 것이다. 성경은 영원한 생명을 주는 진리의 말씀이다. 성경을 하나님의 말씀으로 믿을 때 그 권위를 인정하게 된다.

제자훈련을 하는 어떤 목회자는 만날 때마다 이웃 목회자를 비판하고 판단한다. 나는 이런 모습을 볼 때마다 안타깝다. 그는 교회에서 말씀을 가르치면서도 정작 자신은 "비판을 받지 아니하려거든 비판하지 말라"라고 하신 하나님의 말씀을 지키지 않는다. 목회자 자신이 하나님의 말씀에 민감하고 찔림을 받고 있는지, 말씀을 삶에 잘 적용하고 있는지가 제자훈련의 승패를 결정짓는 중요한 요인이 될 것이다.

말씀을 잘못된 태도로 받아들인다면 절대 주님의 사랑과 은혜를 체험할 수 없다. 제자훈련을 하면 살아 있는 하나님의 말씀이 주는 감격을 경험할 수 있다. 삶이 변화되어 하나님의 위대하심을 체험하는 실제적인 훈련이므로 세상의 강의나 세미나와 다르다. 이런 점에서 데살로니가전서 2장 13절은 큰 의미가 있는 구절이다. "이러므로 우리가 하나님께 끊임없이 감사함은 너희가 우리에게 들은 바 하나님의 말씀을 받을 때에 사람의 말로 받지 아니하고 하나님의 말씀으로 받음이니 진실로 그러하도다 이 말씀이 또한 너희 믿는 자 가운데에서 역사하느니라."

성령 충만한 교회는 하나님 말씀의 권위를 인정하는 교회이다. 초대교회 성도들은 사도의 가르침을 받아서 서로 사귀고 떡을 떼며 기도하는 일에 힘썼다(행 2:42). 하나님 말씀의 권위를 인정하는 목회자가 인도하는 제자훈련이야말로 살아 있는 하나님의 말씀을 경험하게 해 주는 역동적인 훈련이다.

성령의 인도를 받으라

성령을 '보혜사'라고 한다. 이는 헬라어 '파라클레토스'(Parakletos)를 번역한 것으로 '옆에서 도와주는 분'이라는 의미가 있다. 또한 성령은 진리의 영이시다. 우리를 진리 가운데로 인도하고 깨닫게 해주신다(요 14:7).

말씀을 가르칠 때 가장 중요한 점은 성령의 인도하심을 받는 것이다. 성령의 감동으로 기록된 하나님의 말씀을 자신의 지식이나 경험, 참고서를 이용해서만 가르치려 한다면 훈련생들에게 어떤 감동도 줄 수 없을 것이다. 그러므로 말씀을 가르치기 전에 기도로 준비하며, 성령의 도우심과 역사하심을 구하고, 말씀을 가르치는 순간순간 성령의 인도하심을 받아야 한다. 제자훈련을 하는 동안 성령의 도우심을 바라며 말씀을 대했을 때, 그 기쁨은 무엇과도 바꿀 수가 없었다. 그러나 성령의 인도하심과 상관없이 주석만을 참고해서 성경공부를 인도했던 전도사 시절을 돌아보면 참 어리석었다는 생각을 하게 된다. 그 당시 가르쳤던 학생 가운데 제대로 신앙생활을 하는 성도가 별로 없기 때문이다.

그러나 지금 제자훈련을 받고 있는 성도들의 엄청난 변화를 보면서 너무나 놀랍다는 생각이 든다. 성령의 도움을 구하며 성령의 능력을 힘입는 제자훈련은 큰 힘이 있다.

> "보혜사 곧 아버지께서 내 이름으로 보내실 성령 그가 너희에게 모든 것을 가르치고 내가 너희에게 말한 모든 것을 생각나게 하리라." 요 14:26

주님에 대한 사랑을 확인하라

제자훈련을 하기 전에 목회자는 자신이 주님을 정말로 사랑하는지 확인해야 한다. '주님을 사랑하는가?' 당연한 질문처럼 보이겠지만, 목회자의 제자가 아닌 예수님의 제자로 세우기 위해 꼭 점검해야 할 부분이다. 주님과의 사랑은 모든 분야에서 증명되어야 한다. 사랑은 세밀해야 한다. 말과 생각, 행동에 이르기까지 주님에 대한 사랑을 훈련생에게 보여줄 수 있어야 한다. 사랑을 하면 닮는다. 오래된 부부는 식성, 외모까지도 닮는다고 하지 않는가? 그렇다면 목회자에게서도 그러한 모습이 나타나야 할 것이다. 예수님을 닮은 모습 말이다. 제자훈련에 실패하는 목회자를 보면, 전혀 예수님을 자랑하지도 않고 사랑의 표시도 하지 않는 것을 본다.

교인 가운데 예수님을 대수롭지 않게 여기는 사람들이 있다. 예수님 이야기를 너무 많이 들어서 식상해한다. 이렇게 예수님을 별 흥미 없이 대하는 성도를 보면 주님은 뭐라고 말씀하실까?

나를 위해 십자가에 돌아가신 예수님의 사랑은 죽을 때까지 자랑해도 부족하다. 그런데 제자훈련을 하는 목회자가 주님을 정말로 사랑하지 않는다면 그 제자훈련이 과연 성공할 수 있겠는가? 부활하신 예수님께서 베드로에게 세 번이나 "네가 나를 사랑하느냐?"라고 물으신 것은 제자로서 사역을 하기 전에 주님에 대한 사랑이 얼마나 중요한가를 일깨우기 위한 것이다. 세 번씩이나 사랑하느냐고 물으신 예수님이 또한 "내 양을 먹이라"라고 하신다(요 21:17). 예수님의 양을 책임지고 맡은 목회자가 주님을 사랑하지 않고는 그 어떤 일도 할 수 없음을 보여주신 것이다.

그러므로 목회자는 제자훈련에 앞서 자신이 주님을 얼마나 사랑하고 있는가를 확인해 보아야 한다. 목회자가 정말 주님을 사랑한다면 멋진 예수님의 제자들이 세워질 것이다. 예수님 이야기만 나오면 좋아하고 감격하며 감사의 눈물을 흘리는 예수님의 제자가 되어, 주님의 교회를 섬기고 하나님 나라의 확장을 위해 목회자를 돕는 동역자로 사명을 충성스럽게 감당할 것이다.

제자훈련에 대한 방해 극복

주님이 직접 명령하신 제자훈련을 제대로만 해낸다면 하나님의 나라는 놀랍도록 확장될 것이다. 그래서 사탄이 가장 무서워하고 싫어하는 것이 바로 제자훈련이다. 제자훈련을 시작한 교회에서 방관과 방해는 누구나 경험해야 하는 과정임을 기억해야 한다. 목회자는 이런 방해가 있을 거라고 예상하며 제자훈련을 해야 한다.

제자훈련의 시작과 함께 나타나는 현상은 방관과 방해이다. 전통적인 교회에서 많은 성도가 제자훈련을 달갑지 않게 여기며 방관한다. 그 이유는 시간을 내어 새로운 훈련을 해야 한다는 부담감 때문인 경우가 많다. 우리 교회에서 제자훈련을 처음 시작할 때 직분자와 성도 대부분이 훈련에 별 관심이 없었다. 목사의 마음에만 불이 붙었을 뿐이다. 성도들은 어디서 특이한 세미나 맛을 본 모양이라고 고개를 흔들며 냉랭한 반응을 보였다. 보통 제자훈련을 방해하는 자는 직분자인 경우가 많다. 교회에서 영향력을 행사하는 자들이 부정적인 여론을 일으켜 방해할 수도 있다. 특히 제자훈련의 맛을 보았으나 자신은 크게 변하지 못한 경우는 더욱 그러하다. 어설프게 아는 자들은 오히려 제자훈련의 걸림돌이 될 수도 있다. 또한 잘못된 정보나 고정관념 때문에 반대할 수도 있다.

그러나 제자훈련은 반드시 해야 한다. 중요한 것은 목회자의 확신이다. 제자훈련을 꼭 해야겠다고 다짐한 목회자는 어떤 방해가 오더라도 어려움을 이겨 내며 제자훈련을 할 수 있다. 잘 준비하면 능히 극복할 수 있는데, 기도보다 더 완벽한 준비는 없다. 이렇게 주님께 나아갈 때 그분께서 함께하고 반드시 도와주신다. 순종하는 목회자를 주님은 절대 내버려 두지 않을 것이다. 지금까지 제자훈련을 통해 주님께서 돕고 인도하신 경험은 참으로 많다. "나의 계명을 지키는 자라야 나를 사랑하는 자니 나를 사랑하는 자는 내 아버지께 사랑을 받을 것이요 나도 그를 사랑하여 그에게 나를 나타내리라"라고 하신 요한복음 14장 21절 말씀을 신뢰하고 순종할 때 주님의 일하심을 볼 것이다.

또한 제자훈련을 바르게 알려야 한다. 제자훈련의 중요성과 제자훈련이 목회의 본질임을 알려야 한다. 제자훈련에 대한 도전과 확신은 담임목사 혼자 강조하기보다는 외부의 도움을 받는 것이 필요하다.

강사를 초청하여 제자훈련의 중요성에 대한 설교를 듣거나 세미나를 개최하는 것도 좋은 방법이다. 제자훈련으로 변화된 삶을 사는 평신도의 간증을 들으면 좋다. 교회 직분자와 평신도 리더와 함께 제자훈련을 잘하고 있는 교회를 탐방하는 것도 좋다. 우리 교회에서는 매년 '중소교회 제자훈련 지도자 세미나'를 개최한다. 그리고 후속 프로그램으로 제자훈련 지도자 세미나 참석 교회의 평신도 리더들을 위한 '제자훈련 평신도지도자 세미나'를 개최하여 교회론, 제자훈련의 중요성, 순모임 진행 방법 등을 가르치고, 평신도 사역자의 간증과 함께 우리 교회의 사역을 소개하고 있다. 우리는 이 세미나를 통해 여러 교회에 제자훈련이 뿌리 내리도록 섬기고 있다.

씨를 뿌리고 열매를 맺기까지 시간이 필요하듯, 제자훈련의 열매를 보려면 시간이 필요하다. 예수님이 3년 동안 제자훈련을 하셨다면 우리는 최소한 5년은 해야 할 것이다. 어떤 어려움도 참고 인내하며 사역에 최선을 다한다면 건강한 교회가 되어 주님을 기쁘시게 해드릴 것이다. "울며 씨를 뿌리러 나가는 자는 반드시 기쁨으로 그 곡식 단을 가지고 돌아오리로다"(시 126:6).

3장

제자훈련,
어떻게 시작하고
진행할 것인가

제자훈련생을 선택하는 효과적인 방법

제자훈련 대상자를 잘 선택하는 일은 참으로 중요하다. 무엇보다 기도로 준비해야 한다. 예수님도 제자 선택에 앞서 기도하셨다(눅 6:12-13). 리처드 포스터(Richard Foster)는 "우리는 미래를 결정하기 위해서 하나님과 함께 일하고 있다. 만약 우리가 올바르게 기도한다면 바람직한 일이 역사에 나타나게 되는 것이다"라고 말했다.

훈련생의 자원은 교회의 크기와 여건에 따라 많을 수도 있고 적을 수도 있다. 기성 교회에서 제자훈련을 할 때는 먼저 직분자를 대상으로 훈련하는 게 효과적이다. 그러나 성경공부에 익숙하지 못한 경우가 대부분이기 때문에 적극적으로 참여하려는 사람은 그렇게 많지 않을 수도 있다. 그러므로 목사가 제자훈련의 유익을 충분히 이해하게 하는 것이 급선무라고 할 수 있다. 제자훈련에 대한 확신이 서지 않으면 쉽게 지원하지 않고 머뭇거리거나 다른 사람들의 눈치를 살피게 되기 때문이다.

제자훈련생을 선발할 때 일정 기준을 정하여 자격이 있는지 확인하고, 훈련을 받고자 하는 의도 등을 잘 점검하는 것이 필요하다. 간혹 제자훈련 받기에 부족해 보이는데 직분에 대한 욕심으로 지원하는 사람도 있고, 제자훈련을 받아야 할 시기가 되었음에도 망설이는 사람도 있기 때문이다.

훈련생 선택은 제자훈련의 승패를 좌우한다고 해도 과언이 아닐 만큼 중요하다. 목사는 인정에 얽매이거나 조급하게 선택해서는 안 된다. 목사의 조급함과 과욕이 제자답지 못한 제자를 양산할 수 있기 때문이다. 정원을 맞추기 위해 자격이 없는 사람을 억지로 추가하면 훈련의 질이 떨어진다. 제자훈련은 성경공부와는 다르다. 훈련을 훈련답게 하기 위해서는 훈련생 모집이 무척이나 중요하다. 훈련생이 될 수 있는 몇 가지 기준을 정리해 보면 다음과 같다.

1. 새가족반을 수료했는가? (구원의 확신이 있는가?)
2. 하나님의 말씀을 긍정적으로 받아들이는가?

3. 예배에 잘 참석하고 있는가?

4. 신앙이 성장할 가능성이 있는가?

5. 제자훈련을 받는 데 방해 요소는 없는가? (배우자의 반대, 직장 문제 등)

6. 훈련생들과 조화를 이루는 데 방해되는 성격적 문제는 없는가?

7. 성도들과의 관계에서 복잡한 문제는 없는가? (돈, 이성 등)

8. 순모임에 1년 이상 참석했는가?

9. 전도폭발 훈련을 1단계 이상 수료했는가?

이 내용은 우리 교회의 제자훈련생 선택 기준을 중심으로 정리한 것이다. 선택의 기준은 각 교회 상황에 맞게 정하면 된다. 제자훈련은 양육 단계와 구별해야 한다. 어느 정도 양육되어 있지 않으면 훈련할 수 없기 때문이다. 기어 다니는 어린아이를 뛸 수 있는 어른과 함께 출발선에 세울 수는 없다.

제자훈련에서 마음 열기

병원에 찾아온 환자가 자신의 아픈 부분을 솔직하게 의사에게 말하지 않는다면 병을 치료할 수 없다. 자신의 아픈 부분을 숨기거나 아프지 않은 것처럼 행동한다면, 병은 더욱 악화되어 심각한 지경에 이를 수밖에 없다. 제자훈련에서 풍성한 열매를 얻으려면 자신의 문제를 하나님의 말씀 앞에 드러내야 한다. 자신을 열지 않으면 말씀의 능력을 경험할 수 없다. 하나님은 자신의 문제를 솔직하게 내놓는 사람의 상처와 아픔을 싸매 주고 회복하게 해 주신다.

한 형제가 기억난다. 그는 술을 마시고 담배를 피웠지만 제자훈련이 끝나 갈 때까지 이 사실을 숨겼다. 우연한 기회에 이 사실을 알게 되었지만 그 형제는 끝까지 감추고 제자훈련을 수료했다. 그러나 결국 그는 교회를 떠나고 말았다. 또 다른 형제는 음란 동영상에 중독되어 있는 자신의 모습을 솔직하게 말했다. 그는 말씀 앞에 결단하고 음란 동영상을 끊고 항상 말씀을 가까이하는 믿음의 사람으로 바뀌었다.

자신을 있는 그대로 여는 또 하나의 유익은 지체들을 긍휼히 여기고 서로의 약함을 이해하게 된다는 점이다. 서로 이해하게 되면 형제 의식을 품게 된다. 나에게만 있는 아픔이라고 여겼던 문제가 다른 지체에게도 있음을 보고 위로를 받아 이해하고 사랑하게 되어 아름다운 공동체를 이룰 수 있다. 주 안에서 하나 되어 그분의 뜻을 이루어 가는 믿음의 공동체는 자신을 열지 않고는 이루어질 수 없다.

나는 제자훈련 초반부터 주초와 제사 문제를 솔직하게 말하게 한다. 솔직하게 말하는 사람들의 문제는 예외 없이 해결된다. 그리고 놀랍게 변화되어 성숙해지는 모습을 보면 이렇게 자신을 여는 일이 얼마나 중요한지 절감한다. 그러나 말씀 앞에 마음을 열지 않고 자신의 문제를 숨기며 대충 넘어가는 사람은 제자훈련이 끝날 때까지 변화되지 않을 뿐 아니라 더는 성장하지 않고 하나님께 쓰이지 못하는 경우가 많았다.

그러므로 지도자는 제자훈련 초반에 훈련생들의 성향을 잘 파악하고 말씀 앞에 솔직히 마음을 여는 것이 얼마나 큰 유익이며 중요한가를 인식하도록 가르쳐야 한다. 그리고 성령의 인도하심 가운데 서로 자신을 여는 분위기가 되도록 분위기를 조성해야 한다. 솔직히 마음을 여는 것은 제자훈련의 승패를 결정짓는 중요한 요인임을 기억하고, 제자훈련 때마다 성령의 인도를 받고자 간절히 기도해야 한다.

제자훈련과 목회자의 마음 열기

목회자가 자신을 열면 성도들과 친밀한 관계를 맺을 수 있고, 훈련생들이 목회자의 약한 부분을 보며 공감하고 기도하게 돼 더욱 일체감을 느낄 수 있다. 그러나 목회자의 약함과 문제를 이용하여 목회자의 리더십에 흠집을 내려는 사탄의 전술도 있을 수 있다.

교인들은 목회자가 경건하고 위엄을 갖추기 원한다. 그래서 목회자도 자신의 약점을 솔직히 드러내면 권위가 떨어질 것으로 생각한다. 그러나 목회자의 권위는 섬김과 질서에 따라 생기는 것이지, 목회자가 완벽하기 때문에 생기는 게 아니다. 따라서 목회자가 자신의 문제를 내놓는다는 것은 어떤 의미에서 새로운 도전이 될 수 있다. 훈련생들의 마음을 열어 솔직한 분위기를 형성할 수도 있다.

목회자는 어디까지 자신을 드러내야 하는가? 이는 말씀으로 비추어 보고 성령의 도우심을 구해야 하는 문제다. 지혜롭게 훈련생들이 공감할 수 있고 영적으로도 도전을 주는 선에서 자신을 드러내야 한다. 특히 오랫동안 보수적인 분위기에서 신앙생활을 한 교인이라면 목회자가 자신을 여는 데 더욱 신중할 필요가 있다. 교회가 목회자의 흠이나 잘못을 용납하지 못하는 분위기라면, 목회자의 사역에 방해가 되지 않는 선에서 가볍게 드러내는 것이 좋다. 목회자가 마음을 열었을 때 교회 성도들이 그것을 충분히 이해할 수 있을 때까지 기다리는 것도 좋다. 이때 목회자는 그리스도의 지체 의식과 주님을 사랑을 가르치고 실천하는 본을 보여야 한다. 먼저 목회자가 올바로 행했을 때 그의 행실을 보고 성도들은 목회자를 정죄하지 않는다.

지체가 서로 문제를 내놓고 내 문제처럼 사랑의 마음으로 기도하고 돕는 것이 자연스럽지만, 받아들일 준비가 되지 않은 경우 이러한 분위기를 만들어 나가는 것 또한 목회자의 몫이다. 교회 소그룹이 이와 같은 분위기에 익숙해지도록 시간을 보내는 것도 필요하다.

개척교회나 어느 정도 전통적인 분위기에서 벗어난 자유로운 교회의 경우에도 목회자는 신중하게 마음을 열어야 한다. 어떤 목회자는 격식을 차리지 않겠다고 결심하고, 교인들과 함께 목욕탕이나 탁구장 등을 자주 다녔는데, 그게 오히려 좋지 않았다는 이야기를 들은 적이 있다. 목회자는 어떤 경우라도 행동에 제한이 있음을 명심해야 한다. 성도의 영적 성숙도와 말씀을 받는 태도에 따라 목회자가 마음을 열었을 때 받아들이는 정도도 다르기 때문이다. 목회자의 삶과 인격은 성도의 신앙생활에 큰 영향을 준다. 따라서 목회자는 언제나 성령께 지혜를 구해야 한다. 목회자는 아래와 같이 몇 가지 기준을 세우고 자신을 드러내는 것이 좋다.

1. 훈련생들이 공감할 수 있는 내용이어야 한다.
2. 훈련생들에게 도전을 주는 내용이어야 한다.
3. 훈련생 수준에서 이해할 수 있는 내용이어야 한다.
4. 훈련생들의 영적인 상태에 따라 내용을 조절해야 한다.
5. 기분이나 분위기에 좌우되어 무분별하게 드러내는 일이 없도록 해야 한다.
6. 복음 사역에 유익을 주어야 한다.
7. 특정 인물을 비방하는 내용은 금해야 한다.

각 제자반의
특징과 운영

형제반

형제반을 인도하다 보면 자매반 못지않은 감동과 은혜가 있다. 다만 형제의 특성 때문에 시동이 늦게 걸릴 뿐이다. 직장에서 일어나는 수많은 사건과 스트레스 속에 사는 경우가 많은 남성들이 하나님 말씀의 능력을 깊고 풍성하게 체험하는 것을 본다. 지금까지 형제반을 인도할 때 일어난 성령의 은혜와 열매들을 통해 형제들이 영적으로 변화되면 더 큰 일을 이루는 것을 보았다.

형제반은 자매반보다 시간상의 제약이 많다. 그래서 모임 시간이 유동적이다. 그러나 가능하면 한 번 정한 시간을 어기지 않도록 최선을 다해야 한다. 하나님께 드리는 시간이므로 더욱 마음을 쓰고 준비하는 자세를 가지도록 가르쳐야 한다.

어떤 교회든 형제반에서 풍성한 열매를 얻을 수 있다. 조급해하지 않고 한 걸음부터 시작하면 된다.

자매반

대부분 교회에서 자매반의 열매로 고무되어 있는 모습을 볼 수 있다. 자매반은 형제반에 비해 모집하기 쉬울 뿐 아니라, 감성이 풍부해서 말씀에 대한 반응이 빠르다. 그러나 자매는 형제보다 복잡하고 세밀하므로 목회자의 세심함이 요구된다.

우리 교회는 처음부터 자매반을 모집하기가 매우 힘들었다. 기존 여자 집사님들이 제자훈련에 거부감을 품고 적극적으로 훈련에 참여하지 않았기 때문이다. 그뿐 아니라 다른 사람들도 제자훈련에 참석하지 못하도록 은근히 좋지 못한 여론을 형성했다. 그래서 직분자들은 단 한 명도 제자훈련을 하겠다고 지원하지 않았다. 결국 나는 아내를 포함한 자매 네 명과 함께 제자훈련을 하게 되었다.

시작은 힘들었지만 자매반의 첫 열매가 건강한 교회를 만드는 밑거름이 되었다. 제자훈련을 받은 자매들이 변화되자 방관만 하던 사람들이 제자훈련에 지원하기 시작했다. 특히 훈련생의 남편까지 아내의 변화를 보며 제자훈련에 관심을 가지게 되었다.

간혹 문제가 있거나 미성숙한 자들도 훈련에 참여하는 경우가 있었는데, 그때마다 끝까지 훈련을 마치도록 격려하고 용기를 북돋아주었다. 그럼에도 중도에 탈락하는 아픔을 감수하기도 하였다. 현재 제자훈련을 수료한 성도 가운데는 재수, 삼수까지 한 사람도 있다. 한 번 탈락이 영원한 탈락이 아니라 다음에 또 기회가 있다는 사실을 알려 주고, 다음번에 처음부터 다시 하는 것을 원칙으로 삼았다. 특별한 경우가 아니면 단 한 번의 결석도 용납하지 않는 원칙 때문에 여러 사건도 있었지만 지금도 여전히 이 원칙을 고수하고 있다.

어떤 자매는 시아버지 환갑과 제자훈련 날짜가 겹쳐서 고민에 빠졌다. 나도 고민에 빠졌다. 제자훈련 시간을 다른 날로 변경할 수는 없었다. 여태껏 열심히 참여한 자매이므로 탈락하게 할 수도 없었다. 그러나 나는 그 자매에게 제자훈련 날짜를 변경할 수 없다고 말하고 자매의 어려움을 해결해 달라고 기도했다. 그 자매는 제자훈련에 빠지지 않기 위해 며칠 전에 시댁으로 가서 새벽까지 일하고 아침에 일찍 집으로 돌아와서 제자훈련에 참석했다. 그 자매는 시댁에서 비난의 대상이 되었다. 그러나 결국 시간이 흐르자 시댁은 그 자매의 신앙을 인정했다. 그 뒤에는 신앙생활하기가 훨씬 편해졌다고 한다. 이 사건을 통해 합력해서 선을 이루시는 하나님이심을 알 수 있었다. 목회자가 인간적인 생각을 앞세우지 않고 매사에 기도로 주님의 도우심을 구할 때, 하나님께서 사람의 생각을 뛰어넘어 도와주시는 것을 경험할 수 있다.

직장인 자매반

제자훈련을 시작하던 80년도 후반과 90년도 초반에는 여성들이 거의 집에서 살림을 했지만 요즘은 여성들의 절반 이상이 직장 생활을 한다. 그래서 제자훈련도 직장인 자매반을 따로 모집한다.

직장인 여성이 제자훈련을 받으려면 대단한 각오가 필요하다. 가사와 직장 생활, 그리고 훈련을 함께해야 하기 때문이다. 그러나 훈련 내용은 다른 제자반과 별 차이 없다. 어떤 경우에도 훈련을 훈련답게 해야 한다는 원칙을 지키고 있기 때문이다. 직장인 자매반은 주로 평일 저녁 시간을 이용한다. 때로는 팀의 형편에 따라 새벽 시간이나 수요예배 후 시간을 이용하기도 한다.

청년반

개척교회나 청년이 많은 교회에서는 청년을 대상으로 제자훈련을 해야 한다. 청년은 열정은 있지만 장년처럼 꾸준하지는 않다. 감정이 풍부하여 말씀 앞에서 결단을 잘하고 눈물이 많은 반면에, 실천하는 힘은 약하다. 아직 인생 경험이 적어 말씀에 대한 감동도 약한 편이다.

청년 제자반은 남녀를 분리하기도 하고 함께 훈련하게도 한다. 장단점이 있는데 단점은 남자와 여자를 한 팀으로 하면 마음을 솔직하게 여는 데 소극적이다. 이성에게 잘 보이고 싶어서 약점을 숨기려 하기 때문이다.

그 외의 제자반

제자훈련을 하기에 가장 어려운 대상은 노년층이나 글자를 모르는 사람들이다. 우리 교회도 아직 그들을 위한 제자훈련 프로그램을 개발하지 못했다. 이는 젊은층(30-40대)이 교회의 주류를 이루고 있기 때문이다. 노년층과 저학력자에게도 제자훈련을 할 수 있는 방안이 강구되어야 한다.

우리 교회는 노년층, 특히 할머니들로 구성되어 있는 순모임이 형성되어 있다. 초기에는 할머니 순모임을 맡을 순장이 없어 사모가 전담했지만, 지금은 순장들이 잘 섬기고 있다. 젊은 순장은 사랑의 섬김으로, 나이 든 순장은 경륜까지 더해 순모임을 잘 인도하고 있다. 할머니 순모임은 그들만이 갖고 있는 공감대 때문인지 다른 순모임 못지않게 잘 모이고 열심을 낸다. 마음을 여는 일도 다른 순모임 못지않게 잘되고 있다.

그러나 노인 순모임의 가장 큰 문제는 그들에게 적합한 교재가 없다는 것이다. 현재 나와 있는 교재들은 대부분 청년이나 장년을 위한 것이다. 이러한 문제는 농어촌이나 저학력자가 많은 교회에도 해당할 것이다. 우리 교회에서는 일반 순모임에서 사용하는 교재를 사용하는데, 순장들이 쉽게 설명하여 어려운 교재 내용을 충분히 이해할 수 있게 한다. 또 순모임 시간을 한 시간 이내로 제한해 운영한다.

제자훈련생에게
보내는 편지

제자훈련을 하다 보면 여러 문제로 힘들어하는 훈련생을 만난다. 남편의 핍박으로 고통당하는 사람도 있고, 어릴 때부터 사랑받지 못한 상처 때문에 쉽게 화를 내는 사람도 있다. 이런 경우 개인 상담으로 훈련생을 위로하고 격려하며, 말씀으로 해결책을 제시해 준다. 때로는 편지로 훈련생을 격려하고 지도자의 따뜻한 마음을 전하여 용기를 북돋아주기도 한다. 특히 자매들에게는 사모가, 형제들에게는 목사가 편지로 위로한다. 어떤 경우에는 격려의 편지가 무용지물이 되기도 하지만, 마음을 담은 따뜻한 편지는 좋은 역할을 한다. 다음은 제자훈련생에게 보낸 편지들이다.

사랑하는 OO 자매님!

주 안에서 하나 되어 함께 주님을 섬긴다는 것이 얼마나 행복한지, 그 행복을 봄 향기처럼 더욱 진하게 느낀답니다.

제자훈련으로 자매님과 더 깊게 교제할 수 있어서 좋은 것 같아요. 서로 가까이 알아 가면서 애틋한 마음을 품게 하시고, 사랑을 더하게 하신 하나님께 감사를 드립니다. 자매님이 우리 교회 식구가 된 지도 꽤 오래된 것 같네요. 그동안 꾸준히 조금씩 주님께 가까이 나아오셨는데, 자매님을 처음 보았을 때보다도 훨씬 더 표정이 밝고 아름다워지셨어요. 제자훈련으로 더욱 아름답게 성장하고 성숙해 가시리라 기대합니다.

자매님을 보면 늘 시간에 쫓겨 사는 것 같아 안타까운 마음이 많이 듭니다. 그런 가운데서도 제자훈련에 최선을 다하고자 노력하는 모습 다 알고 있어요. 그래도 제자훈련은 일생에 단 한 번 뿐인 기회인만큼

이 훈련에 조금만 더 시간을 내고 마음을 쏟으시는 것이 자신에게 훨씬 유익하지 않을까 생각합니다. 주님이 응원해 주실 것입니다.

믿지 않는 남편 때문에 마음이 많이 아프고 힘드신 것 잘 알아요. 남편을 위해 더 많이 기도하십시다. 저도 열심히 기도하고 있어요. 환경과 여건을 초월하여 일하시는 하나님을 신뢰하고 더 열심히 기도하시기 바랍니다. 남편도 꼭 주님께 나아오게 되리라 믿어요.

한번 뿐인 인생 멋지게 사십시다. 가치 있는 일에 시간과 물질과 몸을 드리십시다. 그것이 가장 잘사는 인생이요, 행복한 삶임을 저는 알고 매일 체험하며 감사합니다. 하나님이 주신 귀한 선물 두 자녀 소중히 여기고 잘 양육하셔서 하나님의 기쁨이 되는 자녀로 이 세상에 없어서는 안 될 일꾼으로 키우시기 바랍니다.

이제 남아 있는 제자훈련 기간에 더욱더 많은 하나님의 은혜를 체험하고 더 많이 성장하며 다듬어져서 하나님의 마음에 쏙 드는 자매님 되시기를 기도합니다. 사랑합니다.

주 안에서 하나 된 동역자 OO드림

사랑하는 OO 자매님!

비록 숙제이긴 하지만 사랑하는 지체와 편지를 주고받는 것은 참 즐거운 일인 것 같아요. 자매님과 제자훈련에서 만난 지도 10개월이 지났네요. 부족한 사람을 믿고 격려해 주시고, 지도에 잘 따라 주셔서 감사합니다. 그리고 사랑의 눈으로 바라보고 칭찬해 주시니 더 잘 섬기라는 뜻으로 알고 더욱 주님께 충성하는 종이 되도록 노력하겠습니다.

자매님을 그리스도의 몸 된 교회에서 만나 주님 나라의 귀한 동역자로 함께 섬길 수 있어서 정말 감사해요. 대개 신앙생활을 오래 했다고 하는 사람일수록 마음이 굳어 있고 훈련이나 섬김에 거부 반응을 보이는데, 자매님은 순수한 모습으로 교회에 잘 적응하고 자신을 발견함으로, 순종하고자 애쓰며 성장하는 모습이 정말 아름답습니다. 말씀 앞에 솔직하게 마음을 열고 변화되고자 애쓰는 모습을 주님이 기뻐하실 거예요.

목소리도 매력적이고 똑순이 같은 야무진 모습이 보이는 자매님! 뭐든지 잘할 것 같은 믿음이 가는 자매님! 하나님이 자매님을 통해 일하실 것이 기대됩니다. 하나님도 기대하고 계시겠지요. 자매님의 장점들을 하나님이 귀하게 쓰실 것입니다.

자녀를 믿음으로 잘 키우고자 애쓰시는 모습이 귀합니다. 사랑하는 남편에게도 다정다감하고 부드러운 아내가 되도록 노력하셔서 지금보다 더 아름다운 가정을 이루시기를 바랍니다. 남편의 구원을 위해 힘써 기도하고 남편을 주님처럼 잘 섬겨서 브리스길라와 아굴라처럼 주님 앞에 칭찬 받는 멋진 부부가 되기를 기도할게요.

남은 제자훈련 기간에 더 많이 성장하고 성숙하여 그분의 마음에 합한 제자가 되길 기대하며 기도합니다. 이 제자훈련이 자매님의 남은 삶을 값지게 할 전환점이 될 것이라고 믿어요.

    남편에게 더 사랑받는 좋은 아내로, 자녀에게 더 존경받는 어머니로, 주님의 몸 된 교회의 신실한 동역자로 자매님의 삶에서 더욱 아름답게 열매 맺기를 기대합니다. 언제나 주 안에서 건강한 지체와 동역자로 힘차게 달려가는 자매님이 되실 거라 믿으며 기도하겠습니다. 자매님과 자매님의 가정을 주님의 이름으로 축복하고 사랑합니다.

주님의 동역자 ㅇㅇ드림

제자훈련과 사모의 동역

사모가 목사와 함께 제자훈련 사역에 동역할 수 있다면 환상적인 조화를 이루어 풍성한 열매를 맺을 수 있다. 사모는 누구보다 남편인 목사의 장단점을 잘 알고 보완해 주는 평생 동역자이기 때문이다.

    일반적인 교회에서 사모의 역할은 제한되어 있다. 심방을 하거나 주방을 돕는 게 전부인 경우가 많다. 결혼 전에 가지고 있던 재능을 사용하기도 쉽지 않다. 사모가 나서면 안 된다는 고정관념이 있기 때문이다. 그래서 '사모의 삶은 유리 상자 속의 삶과 같다'라고 말하기도 한다. 사모는 성도에게 상처를 받아도 호소할 데가 없다. 움츠러든 사모의 모습에서 건강한 아내, 건강한 사모의 역할을 기대하는 것은 무리일 것이다. 그러나 제자훈련에 함께 동역하면 사모는 말씀으로 성장하고 평안을 누리게 되며, 목사의 동역자로 하나님 나라 확장에 일조하게 된다.

제자훈련의 시작은 사모와 함께

1988년에 우리 교회에서 시작된 제자훈련은 황무지를 개척하는 것과 같았다. 성도들이 제자훈련을 잘 모르기도 했고, 방관과 방해 때문에 시작부터 난관에 부딪혔다. 그러나 제자훈련에 적극적이었던 단 한 사람이 바로 아내였다. 제자훈련생을 모집했지만 지원자는 겨우 세 명, 아내까지 합쳐서 네 명이었다. 요즘처럼 제자훈련의 본보기가 되는 교회도 없었고, 마땅한 참고 서적도 없었지만 아내가 마음을 같이한다는 것만으로도 큰 힘이 되었다.

제자훈련으로 아내는 회복되고 자신감을 얻었다. 제자훈련 시간에 누리는 말씀의 은혜를 경험하며 새로운 동역자의 모습을 보여주었다. 영적으로 성숙해지니 남편을 더 잘 이해하고 성도를 이해하는 폭도 넓어졌다. 제자훈련을 하기 전에는 교회를 어렵게 하는 나이 많은 직분자들, 특히 시어머니 노릇하는 성도들 때문에 힘들어하던 아내였다. 언제나 조용히 뒤에서 가만히 있던 아내가 함께 제자훈련 사역에 뛰어든 것이다. 힘든 문제를 함께 붙잡고 나아가니 당면한 어려움도 쉽게 이길 수 있었다.

제자훈련을 이해하지 못하는 사모 때문에 어려움을 겪던 어느 목사의 말이 기억난다. 밤늦게까지 제자훈련을 마치고 파김치가 되어 돌아왔는데, 사모가 이해해 주기는커녕 잔소리를 했다고 한다. 그 목사에게는 잔소리하는 아내가 제자훈련을 하기 위해 뛰어넘어야 할 가장 큰 벽이었다.

사모는 가장 이상적인 동역자

제자훈련을 수료한 아내는 구역 모임인 순모임을 맡았다. 할머니 순모임이나 여자 직분자 중심의 순모임을 맡았다. 이후 제자훈련팀이 많아지자 제자훈련을 인도하기 시작했다. 아내는 여자 제자반의 초급 과정과 중급 과정까지 맡아서 인도하고, 그 뒤에는 내가 맡아서 제자훈련을 끝냈다. 아내의 세밀함과 자상함은 제자훈련생들에게 큰 도움이 되었다. 주 안에서 친 자매처럼 끈끈한 사랑의 관계가 되었다. 아내는 과제물도 아주 세밀하게 점검하고 격려하며 지도한다. 여자로서 공감대가 있어서 훈련생의 심정을 잘 이해하고, 이러한 공감을 바탕으로 사랑의 편지를 보내기도 한다. 초반에 아내가 맡은 팀을 후에 내가 맡아서 이끌어 보면, 오히려 내가 처음부터 인도한 팀보다 인도하기가 훨씬 수월하다. 아내가 이미 기초를 세우고 세밀한 부분을 만져 놓았기 때문에 큰 틀과 전체 그림을 그리기가 쉽다. 아내는 지금도 여성 특유의 세밀함과 자상함으로 1년에 두세 팀 정도 제자훈련을 인도하고 있다.

사모를 회복하게 하는 제자훈련

제자훈련은 아내 자신도 성장하고 발전하는 기회였다. 제자훈련으로 아내는 성도를 진심으로 사랑하고 이해하며, 그들을 위해 더 많이 기도하게 되었다. 그래서 단순히 목사의 아내와 교인이 아닌 스승과 제자의 관계로 바뀌었다. 나에게 아내는 주님이 주신 제자 삼는 사역의 평생 동역자가 되었다. 어려운 길을 함께 걸어가는 친구가 되어 사역에 대해 조언을 하고, 잘못 가지 않도록 브레이크 역할을 해주기도 한다. 아내가 조언을 하면 나는 다시 한 번 사역과 나 자신을 살펴본다. 이처럼 아내는 제자훈련에서 빼 놓을 수 없는 든든한 지원군이다.

성도들의 무리한 요구와 날카로운 시선을 부담스러워하며 마음에 아픔을 안고 살아가는 사모들이 많다. 또 자신의 재능과 은사를 묻어 둔 채 영혼이 메말라 가는 사모들도 많다. 제자훈련은 먼저 사모를 회복하게 하고 성장하게 한다. 그리고 기쁨으로 섬기는 사역의 동반자가 되게 한다.

제자훈련과 부교역자의 자세

한국 대형 교회에서 오랫동안 부교역자 생활을 한 친구 목사가 교회를 개척할 때 한 말이 기억난다. "개척하기 전에는 담임목사의 마음을 몰랐고, 성도 한 사람 한 사람을 진정으로 사랑해 보지 못했다." 부교역자는 담임목사를 이해하기 어렵다. 경험에서부터 큰 차이가 있기 때문이다. 골로새서 1장 10절의 "주께 합당하게 행하여 범사에 기쁘시게 하고 모든 선한 일에 열매를 맺게 하시며 하나님을 아는 것에 자라게 하시고"라는 말씀처럼 실제 경험은 정말 중요하다. 또한 부교역자는 담임목사가 보는 전체 그림보다는 부분적인 것만 보기 때문에 담임목사가 세운 사역의 청사진을 완전히 이해하지 못할 수도 있다.

그러므로 부교역자는 항상 겸손한 태도를 잊지 말아야 한다. 모든 지체가 교회 공동체를 세우는 데 필요한 것처럼 부교역자도 그리스도의 몸 된 교회를 위해 존재한다. 자신의 이익이나 비전보다 우선 교회를 향한 주님의 마음을 알고 그 마음을 품어야 한다. 그럴 때 부교역자는 하나님께 쓰임 받을 수 있다. 부교역자는 주님의 몸 된 교회가 건강한 교회가 되어 영혼 구원의 사명을 잘 감당하도록 섬겨야 한다. 무엇보다도 담임목사의 목회 철학을 잘 이해하고 동의하는 것이 중요하다. 제자훈련을 하는 교회는 더욱 담임목사와 부교역자가 하나 됨이 필요하다. 부교역자가 담임목사와 다른 신학 배경과 목회 철학을 가지고 있다면 평신도에게 혼란을 줄 수 있기 때문이다.

간혹 부교역자 때문에 교회가 혼란에 빠지는 모습을 본다. 이러한 모습은 평신도에게 교회에 대한 불신과 상처를 남기고, 심지어 영혼을 실족하게 할 수도 있다. 그러므로 특히 제자훈련을 하는 교회에서는 부교역자와 담임목사의 협력, 부교역자와 성도 간 신뢰가 더욱 필요하다. 부교역자가 제자반을 인도할 때 담임목사의 목회 철학이 충분히 전달될 수 있다면 더 바랄 것이 없을 것이다. 부교역자는 담임목사를 도와 목회를 원활하게 해야 한다. 공동체 의식이 없고 주님을 사랑하지 않는 부교역자는 아무리 뛰어나고 훌륭하다 해도 하나님 나라에 유익을 줄 수 없다.

"아버지께서 내 안에, 내가 아버지 안에 있는 것같이 그들도 다 하나가 되어 우리 안에 있게 하사 세상으로 아버지께서 나를 보내신 것을 믿게 하옵소서"(요 17:21)라는 예수님의 말씀처럼 하나 되지 않고는 효과적으로 복음을 전할 수 없다.

제자훈련과 목회자의 자기 관리

기존 목회가 설교와 심방 중심으로 이루어진다면, 제자훈련 목회에는 소그룹 성경공부가 추가된다. 이 성경공부는 일반적인 과정과 달리 목회자가 모든 진액을 쏟아야 할 정도로 강도가 높다. 그러므로 목회자는 엄격하게 자신을 관리해야 한다. 제자훈련을 하는 것도 중요하지만 목회자 자신의 영과 육의 관리를 소홀히 해서는 안 된다. 목회자 자신이 채워지지 않으면 성도들에게 줄 것이 고갈될 수밖에 없다. 그러다 한계점에 도달하면 탈진하게 돼 제자훈련을 계속 진행할 수가 없다. 보통 목회자들은 남을 가르치는 일은 잘하나 정작 자기 자신을 돌보지 못하는 함정에 빠지기 쉽다. 이 부분을 명심하고 철저히 자기 관리를 해야 한다.

영적 관리

영적 건강을 위해 목회자는 꾸준히 노력해야 한다. 특히 매일 말씀 앞에서 자신의 모습을 점검하는 경건 생활에 게을러서는 안 된다. 기도 생활과 묵상으로 주님과 깊이 교제하여 영적 침체가 없도록 해야 한다. 제자훈련에 도움이 되는 세미나에도 참석하여 영적 재충전을 하고, 심도 있고 꾸준한 독서로 지식을 쌓아야 한다. 또한 제자훈련을 하는 목회자들과 활발히 교류하면 서로 배우고 도전받으며 힘을 얻게 된다.

건강 관리

제자훈련의 열매가 아름답게 맺힐 때 목회자는 더 열정적으로 사역에 빠져들게 된다. 열매가 많이 맺히는 것을 보며 자기 조절 능력을 상실하고 중독 수준으로 사역에 매달리게 되는 것이다. 그러나 이럴 때일수록 목회자는 자신을 돌아보는 여유를 가져야 한다. 너무 일에 빠지면 영과 육이 탈진할 수 있기 때문이다. 자신의 건강을 돌보지 않으면 지쳐 쓰러지게 된다. 이는 절대 바람직하지 않다. 목회는 1-2년만 하고 그만둘 일이 아니다. 평생을 두고 해야 할 장거리 경주다. 그러므로 목회자는 수시로 엄격하게 자신을 점검하고 적절한 휴식을 취해야 한다.

나도 불철주야 제자훈련을 할 때 몸에 무리가 와서 중요한 일을 하지 못했던 경험이 있다. 자신의 몸에 너무 무관심한 것도 직무유기일 수 있다. 자신의 몸을 청지기처럼 잘 관리하는 것도 사역의 일부다. 나는 건강을 회복하려고 새벽기도가 끝나면 인근 교회 목사님과 함께 일주일에 세 번 정도 등산을 했다. 이렇게 등산을 한 지 벌써 10년이 돼 간다. 그리고 가능하면 차를 이용하기보다 걸으려고 노력한다. 집에 오갈 때도 엘리베이터가 아닌 계단을 이용한다.

전도폭발훈련의 창시자인 제임스 케네디 목사의 강의를 들은 적이 있다. 그는 1년 중에 2개월은 반드시 휴가 기간을 갖는다고 한다. 그 기간에 휴식도 취하지만, 자신을 점검하고 새로운 목회 계획을 세운다고 한다. 이처럼 적당한 휴식은 효과적인 열매를 맺는 지름길이 될 수 있다.

성경에도 휴식에 대한 내용을 찾아볼 수 있다. 창세기 18장 4절을 보면 아브라함이 여호와의 사자들을 만나서 나눈 대화 내용이 기록되어 있다. "물을 조금 가져오게 하사 당신들의 발을 씻으시고 나무 아래에서 쉬소서." 예수님도 바빠서 음식 먹을 겨를도 없었던 제자들에게 쉬라고 말씀하셨다. "이르시되 너희는 따로 한적한 곳에 가서 잠깐 쉬어라 하시니 이는 오고 가는 사람이 많아 음식을 먹을 겨를도 없음이라"(막 6:31). 열심히 일하는 사람일수록 몸을 잘 돌봐야 한다. 일 자체에서 만족을 찾을 것이 아니라 일로 하나님께 영광을 돌려야 하므로, 건강과 주어진 시간을 하나님이 기뻐하시는 대로 잘 관리해야 한다.

어려움 가운데서도 열매 맺는 제자훈련

목회자가 제자훈련을 시작하지 못하는 이유는 실패에 대한 두려움 때문이다. 그러나 실패는 열매를 맺기 위해 꼭 거쳐야 할 과정이다. 말씀에 순종해서 시작하는 일도 그 과정에 상처와 아픔이 있을 수 있다. 그래도 고난 없는 영광이 없다는 점을 기억하며 말씀을 붙들고 달려가다 보면 언젠가 풍성한 열매를 맺을 수 있다. 제자훈련의 열매를 바라보며 달려가는 목회자의 마음에 아픔이 왜 없겠는가? 심한 좌절에 빠질 수도 있고 낙심할 수도 있다. 사탄은 제자훈련을 좋아하지 않기에 극심한 방해 공작을 펼칠 것이다. 그러나 그럼에도 우리는 주님의 명령에 따라 제자훈련을 해야 한다.

우리 교회의 제자훈련은 시작부터 난관에 부딪혔다. 모두 방관자였다. 제자훈련의 열매를 맛보고 있었을 때도 아픔은 계속되었다. 제자훈련을 시작한 뒤 찾아온 몸의 이상은 위기였다. 제자훈련을 중단하고 휴식을 취했다. 그리고 1년 후에 다시 시작했다. 지금 생각하면 그래도 포기하지 않고 계속한 것이 하나님의 은혜였다.

　제자훈련을 받던 자매가 이단에 빠진 적도 있었다. 방학 동안 이단에 빠진 언니를 따라 그 모임에 가서 공부를 한 것이다. 이 자매는 결국 제자훈련을 중도에 그만두고 교회를 떠났다. 정말 가슴 아픈 일이었다. 그리고 다른 한 자매는 제자훈련을 수료하기까지 변화되지 않더니 제자훈련을 끝내고 바로 교회를 떠났다. 알고 보니 이 자매 역시 이단에 빠져 있었다. 만약 이 자매가 순장으로 임명되었으면 큰일 날 뻔했다는 생각이 들었다. 그리고 어떤 한 형제는 제자훈련 수료 후 순장에 임명되지 않은 것에 대한 섭섭함으로 교회를 떠났다.

　제자훈련을 하면서 주님의 은혜를 맛보지 못하는 경우도 있었다. 훈련을 받고도 변하지 않는 사람도 있고, 탈락하는 사람도 있었다. 그런가 하면 어떤 자매는 제자훈련을 수료하기만 해도 다행이라고 여겼는데 수료 후에 더 성장하고 변화되어 주님의 몸 된 교회를 잘 섬기는 동역자가 되기도 했다.

　가룟 유다처럼 자신의 목적을 위해 제자훈련을 이용하는 사람도 있었다. 그러나 주님께 순종하는 자세로 헌신하고 희생하면 반드시 제자훈련을 통해 주님의 뜻을 이루어 드리게 된다. 실패와 좌절과 아픔은 있을 수 있다. 그러나 반드시 십자가를 통과해야 부활이 있다. 변하지 않는다고 포기해선 안 된다. 주님이 반드시 도우신다. 그리고 "그 작은 자가 천 명을 이루겠고 그 약한 자가 강국을 이룰 것이라 때가 되면 나

여호와가 속히 이루리라"라는 이사야 60장 22절의 말씀이 반드시 이루어질 것이다.

제자훈련 이후의 평신도 사역

탁월한 제자훈련 지도자는 훈련생이 끝까지 목적을 향해 달려가도록 도전을 주고 결단하도록 돕는다. 지도자의 동기가 훈련생에게 사명감으로 연결되어야 한다. 이런 점에서 예수님은 탁월한 지도자셨다. 예수님은 한 영혼에 대한 구원의 열정으로 초지일관하셨다.

제자훈련은 평신도 지도자를 길러 내는 훈련임이 틀림없다. 그러나 제자훈련만 받으면 순장이나 집사가 될 수 있다는 식의 생각을 훈련생이 품는 것은 참으로 위험한 일이다. 제자훈련을 마쳤음에도 사역을 감당할 수 없는 경우가 종종 있기 때문이다. 직분자 임명이 잘못 되면 건강한 교회가 될 수 없다. 오늘날 교회의 혼란은 많은 경우 직분자를 잘못 세웠기 때문에 일어난다. 그러므로 리더가 되기 위해 제자훈련을 받는 게 아니라 주님의 제자가 되어 그분의 몸 된 교회를 섬기고 복음의 영향력을 끼치는 삶을 살기 위해 훈련을 받는다는 목적을 확고히 해야 한다.

직분자는 하나님이 바라시는 사람으로 세워야 한다. 성경에 나타난 직분자를 보면 모두 하나님의 필요로 세움을 받았다. 그러므로 목회자는 이러한 성경의 견해를 따라야 한다. 초대교회에서 가룟 유다를 대신하여 맛디아를 선택할 때의 기준을 오늘날 직분자 선택에 적용할 수 있다. "항상 우리와 함께 다니던 사람 중에 하나를 세워 우리와 더불어 예수께서 부활하심을 증언할 사람이 되게 하여야 하리라 하거늘"(행 1:22). 이 말씀에서 우리는 두 가지 사실을 발견할 수 있다.

첫째, 직분자를 항상 함께 다니던 사람 중에서 선택했다. 제자들과 함께 다녔다면 분명히 지체 의식(형제 의식)을 지닌 사람이었을 것이다. 간혹 다른 교회에서 직분자로 있다가 교회를 옮겨 오면 동역자로서 마인드가 생기기까지 시간이 필요한 경우를 본다. 교회마다 목회자에 따라 목회 스타일이나 일하는 방법이 다를 수 있으므로 여기에 맞추기까지는 시간이 필요한 것이다. 맛디아는 사도들과 함께하는 동안 그들의 생각까지도 읽을 수 있을 정도로 하나가 되었을 것이다. 그러한 면이 사도가 되기에 필요한 적합한 첫째 조건이었던 것이다.

둘째, 예수의 부활하심을 증명할 수 있는 사람을 선택했다. 적어도 직분자라면 예수님을 자랑할 수 있어야 한다. 그 당시는 예수님을 증거 하면 목숨을 위협 받던 시대였다. 예수님의 부활을 믿지 않는 유대인 앞에서 담대하게 그분의 부활을 증언하는 일은 그분을 사랑하지 않고는 불가능한 일이다. 오늘날의 직분자들도 이처럼 주님을 사랑하고, 그 사랑을 담대하게 전한다면 얼마나 좋을까?

이 두 가지 사도의 조건은 오늘날 교회의 직분자에게도 필요한 조건이다. 성경이 가르쳐 준 원리를 따르면 힘들고 더딜지라도 건강한 교회가 될 수 있다. 우리 교회에서도 이러한 기준을 엄격하게 적용하려고 해서 많은 어려움을 겪었다. 한 번 서리 집사로 임명되면 평생 집사인 줄 아는 사람도 많았고, 직분에 애착을 가진 사람도 있었다. 그래서 직분자 임명을 하기 전에는 항상 부담을 느꼈다. 그러나 제자훈련을 하면서 이 두 가지 기준을 엄격하게 적용했다. 물론 여러 저항과 불평이 있었지만, 지금은 교회 안에서 이 원칙이 잘 지켜지고 있다. 제자훈련을 받았다고 서리 집사로 임명되는 것도 아니고, 한 번 순장으로 임명되었어도 직분을 잘 감당하지 못하면 순원으로 되돌아가게 했다. 다음은 우리 교회에서 서리 집사를 임명하는 데 기준이 되는 내용이다.

1. 주님을 정말 사랑하는가?
2. 제자훈련을 받고 나서 주님의 일꾼이 될 만큼 성장했는가?
3. 교회 사역에 동역자로 섬기고 있는가?
4. 목회자와 함께 하나님의 사역을 할 수 있는 형제 의식을 품었는가?

이 기준이 애매하거나 어렵다고 말할지도 모른다. 그러나 순모임에서 1년 이상 양육을 받고 목사와 2년 가까이 제자훈련을 하면 이 정도는 파악할 수 있다.

어떤 분은 서리 집사까지 그렇게 엄하게 할 필요가 있느냐고 묻기도 한다. 그러나 서리 집사 가운데서 안수 집사, 권사, 장로가 나올 것이므로 처음부터 확실하게 해 두는 편이 하나님의 교회에 유익이 된다. 처음부터 잘못 끼워진 단추를 뒤에 가서 수정하려면 처음부터 다시 끼우는 수고를 해야 하지 않는가? 제자훈련은 주님을 사랑하여 그분을 자랑스럽게 증거 하는 제자를 세우는 훈련이므로, 제자훈련을 마쳤을지라도 주님의 일꾼으로 부적합하다면 직분자로 선택하지 않는 것이 마땅하다.

제자훈련 이후의 영적 공급

제자훈련을 마친 자들에게 가장 필요한 것은 사역의 장이 마련되고 영적 공급을 지속적으로 받는 것이다. 제자훈련을 수료하고서 영적 공급은 경건 생활에서 이루어져야 한다. 제자훈련을 받은 그 자체가 건강한 영적 상태를 보증해 주는 것이 아니기 때문이다. 지속적인 경건 생활은 훈련의 결과로 나타난다. 이런 이유 때문에 우리 교회에서는 제자훈련을 할 때 큐티를 강조하여 큐티를 생활화하라고 강조한다. 큐티는 매일 해야 한다. 큐티가 생활화되면 기복이 덜한 신앙을 유지할 수 있다.

제자훈련생에게 새벽기도를 강조하는 이유도 이와 같은 맥락이라고 할 수 있다. 매일 새벽기도에 참석하면 말씀과 기도로 하루를 시작하여 주님과 지속적으로 교제하는 삶을 살 수 있다. 옛날 믿음의 선배들은 큐티에 대해서는 잘 몰랐지만 새벽기도로 경건의 훈련을 했다. 경건의 시간을 매일 보내는 사람은 사탄의 공격과 다양한 시험에도 능히 이길 수 있다. 큐티와 새벽기도는 제자훈련 수료자들이 영적 공급을 받을 수 있는 가장 중요한 통로이다.

그리고 전도로 성령의 인도하심과 한 영혼에 대한 사랑의 마음을 품도록 지속적으로 도전한다. 계속해서 전도폭발훈련에 참여하는 훈련생은 영혼이 주님께로 돌아오는 경험을 한다. 전도야말로 성령의 능력과 인도하심을 경험하는 현장 부흥회인 셈이다. 전도는 죽어 가는 영혼을 살릴 뿐 아니라 자신의 영혼을 기름지게 한다.

또한 제자훈련의 마침이 영적 전쟁의 시작임을 알려 주어 부단한 자기 노력을 하도록 돕는다. 사도 바울이 자신을 쳐서 복종했던 것처럼 영적 성숙을 위해 앞을 향해 쉬지 않고 달음질하는 노력과 인내가 필요하다. 목회자는 훈련생에게 채찍과 당근이 될 수 있는 프로그램을 가지고 접근해야 한다. 새로운 주제의 세미나를 열든지 봉사 분야를 세분화하여 섬김으로 성장할 기회를 주어야 한다.

제자훈련 수료자의 가장 중요한 자세는 하나님의 말씀이 영의 양식이라는 확신으로 말씀을 대하는 것이다. 신앙생활이 새로운 지식의 탐

구라면 끊임없이 새로운 것을 찾기 위해 동분서주해야 할 것이다. 그러나 말씀이 영의 양식임을 알게 되면 말씀 앞에서 겸손하게 순종하여 자신의 문제를 해결하려고 노력할 것이다. 또한 제자훈련 수료자에게 목회자의 신뢰와 격려는 큰 힘과 용기가 됨을 기억하고 지속적으로 기도하며 관심을 가져야 한다.

4장

제자훈련의 열매,
소그룹

순장반 운영

제자훈련을 마치고 순장으로 임명되기까지는 거의 2년이라는 긴 시간이 걸린다. 그러나 훈련을 마쳤다고 해도 전부 순장으로 임명할 수는 없다. 순장은 한 영혼을 양육하는 책임을 지기 때문에 순장 선택에 신중을 기해야 한다. 순장에게는 사역의 중요성을 깨닫고 말씀으로 도전받는 시간이 필요하다.

순장의 자질에 대해 생각해 보자면, 가르치는 은사가 있다고 모두 순장이 될 수는 없다. 순장에게 가장 필요한 것은 사랑이다. 사랑이 있어야 순원을 돌볼 수 있다. 그리고 섬김의 자세를 지녀야 한다. 종의 자세가 되어 있지 않은 순장은 순모임을 이끌 수 없다. 또한 영혼 구원의 열정이 있어야 한다. 순모임의 생명은 배가와 성장에 있기 때문이다. 영적인 어린아이, 변하지 않는 오래된 신자, 영적인 갈급함과 사모함이 있는 성도 등 순모임에는 다양한 구성원이 있다. 이들을 이끌려면 리더십이 필요하다.

순장반은 화요일 오전 9시에 모이는 여자 순장반과 월요일 새벽 예배 후에 모이는 직장인 순장반이 있다. 직장인 순장반에는 남녀 순장들이 참석한다. 그리고 화요일 새벽에는 예비 순장반을 운영한다. 예비 순장반에서는 차기 순장의 자질을 키우고 좋은 순장이 되기 위해 준비하는 시간을 보낸다.

순장들은 이 순장반을 사모한다. 이 시간 때문에라도 순장을 그만두기 싫다고 말한다. 매주 모이는 순장반이야말로 순장들의 재충전 시간이라고 할 수 있다. 이 시간에는 그 주에 공부할 순모임 교재로 먼저 함께 공부하며 은혜를 나눈다. 그리고 여러 문제를 두고 합심해서 기도한다. 찬양하며 말씀을 듣기도 하고, 때로는 세미나를 열기도 한다. 먼저 찬송을 두 곡 정도 부르고서 통성 기도나 사회자의 기도로 순장반이 시작된다. 그러고서 순장들이 한 큐티를 나눈다. 초기에는 한 명도 빠지지 않고 나눔을 했으나 숫자가 많아져서 교구별로 한 명씩 하든지 목사가 지명하여 나누게 하기도 한다. 이어서 성경공부를 한다. 성경공부는 순장들에게 새로운 도전을 준다. 가르치기 위해서가 아니라 자신에게 하는 말씀으로 받으면 언제나 은혜로운 시간을 보낼 수 있다.

초창기 순장 숫자가 20명 정도였을 때는 각 순장의 집에서 돌아가면서 순장반 모임을 했다. 순장반을 마치면 그 집에서 준비한 식사를 대접받으며 교제하는 시간을 보냈다. 교구장이나 선배 순장들에게 조언을 듣기도 하고 서로 권면하기도 하는 모습은 참으로 아름다운 교제의 모습이었다. 그러나 지금은 추억이 되었다. 순장의 숫자가 늘어나 교회에서 모이기 때문이다.

순장은 모두 전도폭발훈련도 같이 받는다. 이들은 작은 목사 역할을 감당할 뿐만 아니라 대각성전도집회인 전도 축제나 순모임별 전도 축제에서 앞장서서 섬기고 있다. 또한 중보기도 사역에도 참여하여 교회와 형제들을 위해 기도하는 중보기도 용사이기도 하다.

소그룹(순모임)으로 누리는 은혜

주님이 함께하시는 교회 안의 모임은 분명히 세상 사람들의 모임과 다르다. 교회의 모임은 "두세 사람이 내 이름으로 모인 곳에는 나도 그들 중에 있느니라"라는 마태복음 18장 20절 말씀처럼 주님이 함께하심을 경험하는 살아 있는 모임이 되어야 한다. 성도들의 모임이 세상 모임과 다를 바 없다면 어떤 매력도 느낄 수 없을 것이다.

내가 청년이었을 때 참석한 구역 예배에서 모임이 구체적이지 못하고 허상을 쫓는 것 같다는 느낌을 받았다. 어떤 때는 무익하기도 했다. 구역장의 일방적인 말씀 선포 후 다과를 나누면서 대화하던 내용은 불신자들의 대화와 다를 바가 없었다. 그 대화 가운데 주님의 뜻이나 하나님의 말씀은 없었다. 각자의 경험이나 주장만 늘어놓고, 때로는 비방도 서슴지 않았다.

소그룹(순모임)은 말씀과 기도와 사랑의 교제로 살아 계신 하나님의 임재하심을 느끼는 모임이 되어야 한다. 특히 순장이 어떤 영적 리더십을 지녔느냐에 따라 순원은 하나님과 깊은 교제를 나눌 수도 있고 그렇지 않을 수도 있다. 순모임에서는 하나님의 말씀을 귀납법적으로 나누며 서로 도전과 은혜를 끼친다. 순모임에서 누리는 은혜를 살펴보면 아래와 같다.

하나님의 말씀을 경험하는 모임

하나님의 말씀 앞에서 자신의 문제를 내놓고 해결 받기를 원할 때 살아 역사하는 그분의 말씀을 경험한다. 먼저 말씀으로 진정한 자신의 모습을 발견한다. 불순종하는 모습, 내면에 자리한 교만한 모습 등을 주님 앞에 회개하고 새롭게 결단하는 시간을 보낸다. 그러면 신앙이 한 단계 발전한다. 또한 지체와 함께 '마음 열기'를 하여 새롭게 깨닫고 도전 받는 부분이 있다. 하나님의 말씀이 실제가 되는 것을 체험한 사람들은 더욱 주님의 뜻에 순종하려고 노력한다. 그리고 순모임에 적극적으로 참여하게 된다. 이렇게 말씀을 실제로 체험하면 그분의 인도하심을 받고 영적으로 성장하게 되는 것이다.

새 생명 탄생의 모임

순모임을 통해 많은 사람이 예수님을 믿는다. 전도의 열정이 있는 순장과 순원들은 가만히 있지 않고 적극적으로 전도를 하려고 하기 때문에 새신자들도 많이 온다. 이 모임에서는 주님 앞에 인도되어 오는 영혼들을 보며 함께 기뻐하며 감격한다. 개인 전도뿐만 아니라 전도폭발훈련과 대각성전도집회 또는 순모임별 전도 축제에서 전도를 하는데, 새신자가 많은 순일수록 모임 분위기가 더욱 활기차다. 새로운 가족에 대한 애정과 기대도 있고, 초신자를 보면서 기존 신자들이 더 잘해야겠다고 생각하기 때문에 긴장감도 있다. 순모임에서 잉태되고 해산하는 일이 반복된다.

기도 응답의 모임

순모임은 순원들의 문제를 해결 받는 기도 공동체이기도 하다. 순원들의 문제를 놓고 합심해서 기도하고 응답 받을 때 함께 감격하고 하나님께 영광을 돌린다.

한 자매가 자녀가 없어 오랫동안 고민하다가 전도를 받고 교회에 나오게 되었다. 순원으로서 모임에 참석한 이 자매는 자녀 문제를 기도 제목으로 내놓았다. 순장과 순원들은 이 자매에게 자녀를 달라고 합심해서 간절히 기도했다. 자매는 몇 개월 뒤에 임신했다. 순원들은 환호하며 하나님께 영광을 돌렸다. 한 순원은 피부 때문에 오랫동안 고민했는데 순원들이 합심해서 기도하여 치유되는 일이 일어나기도 했다. 이런 일이 일어나자 순원들은 기도의 능력을 알고 새벽에 나와 열심히 기도했다. 또 이 순원들의 믿지 않는 친구들까지 한 명 한 명 교회로 나오게 되었다. 특히 믿기를 거부하고 조롱하던 사람까지 교회에 나와 주님을 영접했다. 이들은 순모임에서 살아 계신 하나님의 응답을 경험했다.

사랑의 교제를 나누는 모임

세상의 모임은 취미, 이익, 이해관계로 이루어지는 경우가 많다. 그러나 이와 달리 순모임은 주 안에서 교제하며 말씀과 기도, 찬양과 감사가 넘치는 모임이다. 순원들의 연약함을 위해 서로 기도해 주고 영적으로 성장하는 모습을 보면 박수와 격려를 보내게 된다.

순모임은 영적 리더십이 있는 순장을 중심으로 운영된다. 순장은 지체들의 약함과 아픔을 보며 다른 영혼을 더 이해하고 사랑하게 된다. 자연스럽게 형제 의식도 생기고 자신의 부족함도 깨달아 멋진 리더로 성장한다. 이렇게 지체 의식이 있는 순장이 이끄는 모임에서 순원들은 소속감을 느낄 수 있다. 하나 된 순장과 순원들은 예수님의 피 값을 주고 산 교회 안에서 가족처럼 지체로서 자신의 역할을 잘 감당하게 된다.

교제는 성도들의 신앙 성장에 결정적인 영향을 미친다. 그러므로 말씀과 믿음 안에서 나누는 교제야말로 초대교회와 같은 영향력 있는 교회가 되게 하는 핵심이라 할 수 있다. 사도행전 2장 42절에 나타난 "그들이 사도의 가르침을 받아 서로 교제하고 떡을 떼며 오로지 기도하기를 힘쓰니라"라는 모습이 건강한 순모임에서 나타난다. 교회가 생명력 있는 순모임으로 가득 찰 때 "뜻이 하늘에서 이루어진 것같이 땅에서도 이루어지이다"라고 하신 주님께서 가르쳐 주신 기도가 이루어질 것이다.

순모임 조직

교회 안에 존재하는 소그룹 모임은 여러 형태로 나타난다. 풀러신학교의 로버트 뱅크스 박사는 교회 소그룹 모임을 다음과 같은 몇 가지로 구분하여 말한다.

자기중심적인 모임

풍요로운 삶을 살고자 모임에 참석하기 때문에 모임에 애착도 없고 언제든지 모임을 떠날 수 있는 구성원으로 형성되어 있다. 섬김의 정신은 도무지 찾아볼 수 없다.

개인의 만족을 위한 모임

개인이 성장하고자 모인 구성원은 서로 '마음 열기'를 하여 영적 성숙을 추구하지만, 다른 사람을 구성원으로 받아들이는 것을 꺼린다. 이러한 닫힌 그룹은 배가와는 거리가 멀다.

증인을 강화하기 위한 모임

이 모임의 구성원은 복음에 열정이 있다. 증인의 삶을 살려는 이들에게는 지체 의식이 형성되어 있다. 그러나 자기들의 관계에만 집착하고 개인적으로만 복음을 전한다는 약점이 있다.

축구 팀 형태의 모임

정기적으로 함께 교도소나 양로원에 방문해서 복음을 전한다. 그러나 교회 밖에서 접촉한 자들이 그리스도의 몸 된 교회 생활을 함께 나눌 수 없다는 것 때문에 사랑의 공동체를 경험할 수가 없다.

공부벌레형 모임

성경공부에만 집중하고 공부가 끝나면 서로 남이 되어 진정한 공동체로 발전하지 못한다.

얼마 전만 해도 교회에서 구역이라는 명칭을 순모임으로 바꾸는 것조

차도 쉽지 않았다. 그러나 요즘은 교회마다 다양한 소그룹 명칭을 사용한다. 교회에 따라 구역의 명칭이 속회, 사랑방, 셀, 목장 등 다양하지만, 이 모든 모임이 성경공부를 중심으로 삼는다는 특징이 있다. 아울러 순모임에서는 친교와 전도로 배가까지 하므로 작은 교회와 같은 역할을 한다. 특히 순모임에는 제자훈련을 받고 영적으로 성숙한 리더를 순장을 세우는 게 무엇보다 중요하다.

기존 교회의 구역 예배에는 사회자의 일방적인 인도를 따라 참석자는 수동적으로 참여하면 됐지만, 귀납법적인 성경공부를 하는 순모임은 모든 참석자가 말씀 앞에 자신을 열고 능동적으로 참여해야 한다. 그래서 구역 예배에서는 30분 정도가 소요되지만, 순모임은 한 시간 30분 정도가 걸린다.

순모임을 조직할 때는 교회 규모에 따라 그 방법을 달리 해야 한다.

백 명 미만의 교회

우리 교회의 경우, 처음 순모임을 조직할 때 기존 구역을 무시하고 재조직했다. 평택이 소도시이고 농촌 인구가 어느 정도 있다는 사실을 염두에 두고 조직했다. 또 남자와 여자를 구분했다. 가능하면 나이, 학력, 빈부의 정도 등을 참고하여 큰 차이가 나지 않는 범위에서 조직했다. 할머니 순모임의 경우 한글을 잘 모르는 사람들이 많은데, 처음에는 이 문제 때문에 순모임 참석을 꺼리다가 글을 잘 모르는 사람도 있다는 소리를 듣고 용기를 내어 순모임에 참석한 사람도 있었다. 이처럼 사람들은 자기와 같은 공통분모를 찾는다.

순장이 순원을 어느 정도 잘 이끌 때까지 순장과 순원과의 관계에도 신경을 썼다. 순원이 순장에게 강한 거부감이나 불신이 있다면 그 순원의 신앙은 성장하지 않을 것이고, 순장도 그 순원과의 관계 극복에만 마음을 빼앗겨 정작 순원을 이끌거나 복음을 전하는 일에 위축될 수 있기 때문이다.

순모임 운영을 원활하게 하려면 신앙 성장에 유익이 되는 방향으로 순모임을 조직해야 한다. 영적인 수준이 비슷한 사람끼리만 조직하는 것은 바람직하지 않다. 신앙이 좋은 사람, 뜨뜻미지근한 상태인 사람, 교회를 오래 다닌 사람, 처음 교회에 온 사람 등을 한 순에 골고루 섞는 게 순모임의 배가와 순원의 성장을 위해 유익하다.

순모임 운영을 하다 보면 문제가 드러난다. 그러나 그럼에도 오랫동안 제자훈련을 하다 보면 이 문제들을 하나씩 해결하고 최소화할 수 있다. 순원이 성경공부로 성장하면 순모임 내 인간 관계가 부드러워지고, 순장도 경험과 지혜가 생겨 순원들을 무리 없이 이끌 수 있기 때문이다.

백 명 이상의 교회

성도들의 숫자가 많아짐에 따라 순모임을 각 지역별로 나누어 조직할 수밖에 없었다. 아파트와 지역별로 묶었고, 나이별로, 혹은 직장 순모임

등으로 나누었다. 주야간 근무로 순모임 참석이 불규칙한 경우에는 그에 맞게 순모임을 조직하기도 한다. 그리고 순모임에서 한 사람을 전도하면 대부분 전도한 순모임에 소속되어 서로 교제하도록 하여 순모임과 교회에 잘 적응하게 한다.

오백 명 이상의 교회

교회가 성장하면서 순모임을 융통성 있게 운영하기 시작했다. 평일 순모임은 지역을 중심으로, 직장 순모임은 참석할 수 있는 시간에 따라, 그리고 나이(고령자들의 경우)에 따라 순모임을 조직한다. 전도되어 오는 순원은 순모임에 적응할 때까지는 전도자가 있는 순모임에 넣는다. 이런 경우 새신자는 전도자의 적극적 사랑과 관심을 받고, 전도자는 전도에 대한 자부심을 느낄 수 있다. 순모임을 조직할 때는 다음과 같은 점을 고려해야 한다.

1. 순모임 조직 전 일정 기간 기도로 준비한다.
2. 순장과 순원과의 관계에 큰 문제가 없는지 알아본다.
3. 순장의 리더십을 참고하여 조직한다.
4. 오랫동안 신앙생활을 한 순원이 많은 경우 마찬가지로 오랫동안 신앙생활을 한 순장을 파송한다.
5. 각 순모임마다 주님을 뜨겁게 사랑하는 순원을 한 명 정도 넣는다.

6. 순원들의 거주지와 나이를 참고하여 배치한다.

순모임 개편

순장은 순장으로 임명되면 교역자 못지않게 열심히 일한다. 그런데 열심히 하는 만큼 열매를 얻지 못할 때는 낙심하기도 한다. 어떤 때는 순모임 결속은 잘되는데 신앙이 성장하지 않는 경우도 있다. 그래서 순원이 빨리 예수님의 손을 잡도록 도와주는 것이 순장의 역할임을 강조해야 한다. 하나님의 말씀을 경험하고 영적으로 성장하면 어떤 순으로 배치가 되어도 좋은 영향을 끼치고 잘 적응한다.

교인의 숫자가 적었던 초기에는 아예 전체 순모임을 흩어서 재조직하기도 하였다. 새로운 순장, 순원에게 적응하는 데 시간이 걸리기는 하지만, 성도들의 교제의 폭이 넓어질 뿐 아니라 순장 자신도 매너리즘에 빠지지 않고 새로운 각오로 섬길 수 있기 때문이다.

그러나 성도 수가 증가해 순모임을 전체 개편하는 것이 어려워짐에 따라 교구별, 혹은 부분적인 개편을 하기도 한다. 제자훈련으로 순장이 배출되면 순을 나누거나 새 순모임에 순장을 보내기도 한다. 어떤 경우는 기존 순장이 새 순모임을 개척하게 하고, 신임 순장이 기존 순을 맡아서 섬기게 하기도 한다. 순모임을 개편할 때는 다음과 같은 몇 가지 기준을 두는 것이 좋다.

1. 순원의 숫자가 늘어서 나누어야 할 때 개편한다.
2. 순장이 리더십이 없거나 순원이 순장을 거부할 때 순원을 다른 순모임으로 옮기거나, 영적 탈진을 막기 위해 순장을 다른 곳으로 파송하기도 한다.
3. 순원의 숫자가 줄어 한 명만 남을 때 순원의 유익을 위해 다른 순모임으로 옮기게 한다. 이 경우 순장은 다른 순모임으로 파송하거나 새 모임을 개척하게 한다.
4. 지역이 멀어 참석하기 힘들 때 개편한다.
5. 순원끼리 함께하기 어려운 문제가 발생했을 때(인간관계, 금전 문제 등) 개편한다.

소그룹 성경공부의 유익

아기가 태어났다고 그것으로 만족할 수 없다. 양육은 해산 못지않게 중요하다. 사람들은 대부분 교회에 나가면 그것으로 교인이 됐다고 생각한다. 그러나 더 중요한 것은 그때부터 양육을 받아 정상적인 신앙생활을 하는 것이다. 성장하지 않고는 어떤 사역도 제대로 할 수 없다. 싹이 트

지도 않은 상태에서 비료를 많이 주면 썩는 것처럼, 양육되지 않은 사람에게는 아무것도 기대할 수 없다.

정상적인 양육은 영의 양식인 하나님의 말씀으로 가능하다. 12명 이내의 소그룹을 구성해 성경을 공부하면 주입식 교육의 문제점을 해결할 수 있다. 귀납법적으로 성경공부를 하기 때문이다. 문답식 성경공부는 개인의 신앙 성장에 큰 도움을 준다. 마음을 열어 말씀을 보고 깨달음을 얻어 결단함으로 하나님의 말씀을 경험할 수 있다. 이렇게 소그룹에서 양육을 하면 지체들의 성장을 직간접적으로 보며 도전도 받고 서로 유익을 주는 유기적인 공동체로 발전하게 된다. 개개인이 긴밀하게 연결되어 이해하고 서로 돕는 가운데 지속적인 성장을 추구할 수 있다. 오늘날 교회 안에서 부족한 것이 지체 의식인데, 능동적으로 귀납법적 성경공부를 하다 보면 공동체 의식도 강화할 수 있다.

소그룹 모임의 기본이 되는 문답식 교육은 이미 예수님이 하신 교육 방법이다. 열두 살 되던 해 유월절에 성전에서 선생들에게 문답식으로 교육하셨다(눅 2:46). 또한 열두 제자를 가르치신 방법은 소그룹 모임이었다. 이러한 소그룹 모임은 초대교회 때부터 구체화 되었다. 초대교회 성도들은 집에서 모여 하나님의 말씀을 보고 기도하며 서로 교제했다. 이는 주님의 지상 명령을 수행하는 데 대단히 큰 영향을 끼쳤다.

순모임 인도자의 자세

순장은 순원을 돌보려는 헌신의 자세를 지녀야 한다. 어려움을 당한 순원은 격려하고, 기뻐하는 순원과는 함께 기뻐할 줄 알아야 한다. 인도하는 일은 곧 섬긴다는 뜻이기도 하다. 또한 항상 자신도 배워야 하는 사람임을 잊어서는 안 된다. 성령의 인도에 민감하고 순원을 통해서도 배우려는 자세를 가질 때 좋은 인도자가 될 수 있다. 순장은 순모임을 잘 인도해야 한다. 성경공부를 인도한다는 것은 대단한 책임을 수반하며 아울러 축복이기도 하다. 순모임을 인도할 때 순장이 지녀야 할 몇 가지 자세를 살펴보자.

1. 충분히 준비하고 나서 인도해야 한다. 가르치는 은사가 있고 소그룹을 인도하는 방법을 익혔다 해도, 가장 중요한 것은 기도로 준비하고 말씀을 충분히 연구하며 묵상한 뒤에 인도하는 것이다.
2. 순장은 섬김의 자세를 지녀야 한다. 순장의 자리가 섬김의 자리이므로 성경공부 시간에도 섬김의 자세를 잃지 말아야 한다. 자신을 자랑하는 자리가 아니라 순원이 말씀을 깨닫고 결단할 수 있도록 섬기는 시간이라는 사실을 깊이 인식해야 한다. 순장이 군림하고 인정받기를 기대한다면, 오래 가지 못해 순장 자신이 지쳐서 지속적으로 순장의 직분을 감당할 수 없을 뿐 아니라 어떤 열매도 기대

할 수 없다.

3. 성령의 인도하심을 구하며 인도해야 한다. 성령을 의지하고 인도할 때 담대함으로 가르칠 수 있다. 성경공부는 인도자의 의지와 생각대로 이끄는 것이 아니다. 우리 속에 거하시는 성령이 주관자이심을 믿고 인도할 때 말씀의 은혜를 경험할 수 있다. 다음의 말씀에 대한 확신을 가지고 인도하려는 자세를 잊지 말아야 한다. "그러나 진리의 성령이 오시면 그가 너희를 모든 진리 가운데로 인도하시리니 그가 스스로 말하지 않고 오직 들은 것을 말하며 장래 일을 너희에게 알리시리라 그가 내 영광을 나타내리니 내 것을 가지고 너희에게 알리시겠음이라"(요 16:13-14).

4. 분위기를 부드럽게 해야 한다. 인도자가 경직되어 있거나 권위적이면 순원들이 마음을 열고 자신의 문제를 내어놓지 못한다. 순장이 가끔 적절한 유머를 하면 순모임 분위기가 훨씬 부드러워진다.

5. 진지해야 한다. 순원의 질문과 답변에 진지해야 한다. 혹시 순원이 어리석은 질문을 할 때 무시하거나 비웃는 듯한 인상을 준다면 순원은 마음을 닫게 될 것이다. 순원의 새로운 발견에 함께 공감하고 기뻐해 준다면 순원은 순장을 더욱 신뢰하고 따를 것이다.

6. 열정적이어야 한다. 순원들은 순장의 모습을 배우게 되어 있다. 순장의 열심은 순원들의 기억 속에 오래 남는다. 순원들을 위해 열정적이고 헌신적인 모습을 보여준다면 순원들은 감동할 것이다. 말씀

을 나누는 시간에도 이러한 모습을 보여주어야 한다.

7. 감정을 그대로 드러내지 말아야 한다. 순장은 어떤 경우에도 침착해야 한다. 감정을 상하게 하는 질문이나 이야기가 나오더라도 귀를 잘 기울여 주어야 하며, 흥분하여 반박하는 일은 없어야 한다. 순원의 부족함을 보고도 인내하며 온유한 모습을 잃지 않아야 한다.

8. 주제가 다른 방향으로 흘러가지 않도록 해야 한다. 성경공부 시간에 쓸데없는 질문으로 시간을 허비하거나, 본문의 의도와 다른 방향으로 흘러가지 않도록 주도권을 발휘해야 한다. 적당한 타이밍을 잡아 순원의 기분이 상하지 않는 범위 안에서 조절해야 한다. 그러나 순장이 지나치게 간섭하고 통제하는 것 역시 좋지 않다.

9. 순장이 먼저 마음을 열어야 한다. 순장이 마음을 열면 순원도 따라서 자신의 문제를 내놓는다. 그러면 말씀으로 문제가 해결될 수 있다. 그러나 순원에게 좋지 못한 영향을 주는 내용은 구분해서 이야기해야 한다.

10. 예화를 효과적으로 사용해야 한다. 순원들의 기억에 남고 피부에 와 닿을 수 있는 예화로 말씀을 효과적으로 전달해야 한다. 생활에서 일어나는 예화, 그림이나 사진 등을 미리 준비하여 보여주는 것도 좋은 방법이다.

11. 모든 결론은 하나님의 말씀으로 내려야 한다. 성경공부를 인도하는 순장이 자신의 주장이나 견해를 말씀보다 앞세운다면 성경이

의도한 결과를 얻을 수 없기 때문에 결론은 하나님의 말씀에서 찾아야 한다.

순장의 효과적인 질문

귀납법적 성경공부에서 가장 중요한 부분은 질문이라 할 수 있다. 순원은 효과적인 질문으로 성경의 진리를 깨달아 문제점을 발견하게 될 뿐만 아니라 좀 더 확신을 가지고 결단할 수 있다. 그래서 순장은 성경 본문을 잘 파악하여 적절한 질문을 개발해야 한다.

질문에는 먼저 열린 질문이 있다. 열린 질문은 자신의 생각을 자유롭게 말하게 한다. 예를 들어 '본문에서 무엇을 깨달을 수 있습니까?' 또는 '지난 주간 이 말씀을 암송하며 생활 속에서 어떻게 적용했습니까?' 같은 질문이다. 열린 질문에 대한 답변은 다양하게 나온다. 다양함 속에서 서로 도전과 깨달음을 준다.

동시에 닫힌 질문도 사용한다. 닫힌 질문으로 훈련생의 상태를 알 수 있다. 대답을 '예'와 '아니오' 또는 정해져 있는 내용으로 할 수 있는 질문이다. 예를 들어 '예수님의 제자는 몇 명이었지요?' '본문이 주는 말씀에 전적으로 동감합니까?'와 같은 형식이다. 그리고 훈련생이 돌아가면서 답변하도록 하는 릴레이 질문을 할 수도 있고, 한 명씩 지명해서 질문할 수도 있다. 순장이 준비해야 할 효과적인 질문을 생각해 보자.

1. 질문은 쉽고 간략하게 하라. 여러 가지를 한꺼번에 질문하거나 이해하기 어려운 질문으로 혼란이나 고민을 안겨 주어서는 안 된다.
2. 때에 맞는 합당한 질문을 하라. 본문의 내용에 맞는 질문을 해야 한다. 순원이 본문과 상관없는 질문을 할 경우, 모임을 마치고 대답해 주라. 성경공부의 흐름이 다른 방향으로 흘러갈 수 있기 때문이다.
3. 구체적으로 질문하라. 추상적이어서 적용에 도움이 되지 않는 불필요한 질문은 가급적 피하는 것이 좋다. 질문이 추상적이거나 막연하다면 확실하게 적용하지 못하고 끝낼 수 있기 때문이다.
4. 눈높이에 맞추어 질문하라. 순원들의 영적인 수준에 맞아야 한다. 질문을 잘못하면 순원이 힘들어할 수도 있다. 특히 초신자의 경우 쉽게 대답할 수 있는 내용을 질문해야 한다. 초신자들은 질문에 부담을 느끼고 순모임을 부담스러워 하는 경우가 있기 때문에 마음을 열 때까지 쉽게 대답할 수 있는 기본적인 질문만 하거나 기다려 주는 것도 필요하다.
5. 순원의 질문이나 답변을 최대한 진지한 자세로 경청하라. 순장이 경청하면 순원은 감동한다. 순장이 자신의 이야기를 건성으로 듣는다는 느낌이 들면, 순원은 마음을 닫는다. 또한 순원의 말을 듣고

필요하면 다음 질문을 해야 하므로 순장은 순원의 말에 귀를 기울여야 한다.

6. 질문에 대답할 시간을 주라. 질문을 하고 나서 조급해 하거나 기다리지 못한다면 순원이 솔직하고 진지하게 자신을 돌아볼 수 없을 것이다.
7. 순원이 대답을 피하면 질문을 멈추라. 순원이 대답을 회피하는데 순장이 계속해서 대답을 요구한다면 순원에게 심적인 부담을 주게 되므로 순장은 적당한 선에서 다른 순원에게 질문을 돌리는 것이 좋다.
8. 확인 질문을 가끔씩 사용하라. 본문의 내용이 중요하다고 생각하면 확인 질문을 사용하는 것이 좋다. 확인 질문으로 말씀의 중요성을 인식할 수 있다. 그러나 너무 자주 사용하면 효과가 떨어질 수 있기 때문에 적당하게 사용하는 것이 좋다.
9. 순원 스스로 깨닫고 결단했다면 부차적인 설명은 하지 않는 것이 좋다. 질문으로 순원 스스로 결론을 내릴 수 있는 경우에는 복잡하게 부차적인 설명을 할 필요가 없다.
10. 질문이 한사람에게만 집중되지 않도록 하라.
11. 순원이 이해하지 못하면 재차 쉽게 설명해 주라.
12. 잘못된 대답을 했다고 핀잔을 주어서는 안 된다. 한 번 핀잔을 받으면 질문에 부담을 느끼고 순모임 자체를 거부할 수 있다. 순장

의 질문에 동문서답을 해도 '어떻게 이 상황에서 이런 말도 안 되는 답변이 나올 수 있나요? 참 기가 막히네요!'라고 하면 안 된다. '아! 그렇게도 생각할 수 있겠네요.'라고 말하는 것이 좋다. 순장의 칭찬과 격려가 순원에게 큰 힘이 된다.

13. 같은 문제를 다른 순원에게 다시 질문하면 효과를 극대화할 수 있다. 순장 자신이 대답하는 것보다 다른 순원의 입을 빌리는 것이 효과적이라고 생각될 때는 이 방법을 사용하는 것도 좋다. 순장의 대답보다 효율적일 때도 있기 때문이다.

14. 말이 많은 순원은 간단하게 대답할 수 있는 질문을 하라. 말하기를 좋아하는 순원은 본문과 상관없는 대답을 해 많은 시간을 허비한다.

유능한 순장

순장은 작은 목사로 교회에서 파송 받은 영적 지도자이다. 순장 직분은 명예나 만족을 위해 주어진 것이 아니기 때문에 순장은 자기의 기분이나 상황에 따라 행동해서는 안 된다. 하나님께서 기대와 신뢰감으로 맡겨 주신 달란트임을 알고 감사와 기쁨으로 섬길 수 있어야 한다. 만약 이런 확신과 자세가 없다면 쉽게 낙심하고 좌절하게 될 것이다.

유능한 순장이 되려면 몇 가지 문제를 항상 점검하며 직분을 감당해야 한다. 첫째, 주님께서 맡겨 주신 사역임을 기억하라. 순장의 직분은 주님께서 위임해 주신 사역이기에 순장의 생각대로 순원을 인도하려 해서는 안 된다. 주님의 마음으로 기다리고 인내해야 한다. 순원이 자기 생각만큼 성장하지 않고 가르침을 따르지 않을 때, 불안하고 화날 수도 있다. 그러나 주님께서 위임하신 사역이기 때문에 내가 하려고 하지 말고 성령 하나님의 지혜와 도우심을 구하면서 사역하면 주님의 은혜를 경험할 수 있을 것이다. "이와 같이 성령도 우리의 연약함을 도우시나니 우리는 마땅히 기도할 바를 알지 못하나 오직 성령이 말할 수 없는 탄식으로 우리를 위하여 친히 간구하시느니라"(롬 8:26).

둘째, 어머니의 마음을 품으라. 양육을 담당한 순장에게 가장 필요한 것은 어머니와 같은 포근함이다. 이는 성장기와 사춘기의 자녀에게 어머니의 따뜻한 이해와 사랑이 필요한 것과 같다. 사랑의 마음으로 안아 주고 이해하며 권면할 때 순원은 순장을 신뢰하고 따르게 된다. 책망도 사랑의 마음이 있어야 효과가 있다. 이는 하나님이 사랑이시기 때문이다.

셋째, 예수님의 마음으로 사역하라. 순원의 문제를 주님의 마음으로 보면 이해할 수 있다. 바리새인과 서기관은 죄인과 창기를 미움과 정죄와 분노의 눈으로 바라보았다. 하지만 예수님은 언제나 사랑의 마음으로 대하셨고, 그들에 대한 기대감을 버리지 않으셨다. 그래서 삭개오 같은 세리장도 변할 수 있었다. 그러므로 순장은 예수님의 마음을 품고 순원을 대해야 한다. 어떤 순장은 자신을 거부하는 순원의 집을 매일 찾아가 빨래를 걷어 주는 일을 한 달 이상 했다. 그러자 변함없이 섬기는 순장의 모습을 보고 순원의 태도가 바뀌었다.

넷째, 순원에게 기대감을 가지라. 예수님은 나 같은 죄인도 포기하지 않고 하나님의 자녀로 삼아 순장의 직분을 주셨다. 주님은 모든 사람에게 기대감을 품고 계신다. 한국의 유명한 부흥사였던 김익두 목사는 젊었을 때 망나니 중의 망나니였다고 한다. 그러나 선교사들은 김익두 목사를 포기하지 않고 그가 하나님의 자녀가 되리라고 기대했다. 이러한 선교사들의 사랑과 기대에 부응해 김익두 목사는 한국 교회의 부흥을 이끈 훌륭한 목사가 되었다. 아무리 절망적으로 보이는 순원이라도 순장이 포기하지 않고 기대감을 가진다면, 그는 하나님 나라의 동역자가 될 것이다.

다섯째, 무익한 종의 자세를 취하라. 인생의 주인이신 하나님의 칭찬과 상급을 바라보며 섬기는 자는 주위 사람들의 평가와 환경에 상관없이 주어진 일에 최선을 다한다. 힘든 일이라고 해서 낙심하지 않고, 좋은 일이라고 해도 분위기 때문에 흔들리지 않으며 묵묵히 일한다. 종은 주인에게 칭찬받기 위해 일해야 한다. 주인에게 속한 종에게 가장 중요한 것은 주인의 평가이다. 최종 평가자는 주인이기 때문에 당연히 해야 할 일을 한다는 자세를 취하는 게 중요하다. "이와 같이 너희도 명령 받은 것을 다 행한 후에 이르기를 우리는 무익한 종이라 우리가 하여야 할 일을 한 것뿐이라 할지니라"라는 누가복음 17장 10절 말씀처럼 말이다.

순장은 주인 되신 하나님께 "착하고 충성된 종아 네가 적은 일에 충성하였으매 내가 많은 것을 네게 맡기리니 네 주인의 즐거움에 참여할지어다"(마 25:23)라는 칭찬을 들어야 한다.

순장의 경건 생활과 순모임의 배가

순장은 순원의 영적 성숙을 위해 노력해야 한다. 순원은 순장 이상으로 성장할 수 없으므로 순장이 기본적으로 유지해야 할 자세가 있음을 기억해야 한다.

하나님의 말씀이 지식에만 머물지 않게 하라

하나님의 말씀은 살아 있는 말씀이다. 그러므로 하나님의 말씀을 매일 경험하려는 자세가 필요하다. 순장이 하나님의 말씀을 매일 경험한다면, 그 순모임 역시 살아서 역사하시는 하나님을 경험할 수 있을 것이다.

순장이 하나님의 말씀을 경험하기 위해서는 경건 생활을 지속적으로 해야 한다. 제자훈련을 하는 교회 목회자들의 고민이 바로 순장이 제자훈련을 할 때처럼 성장하지 않고 오히려 뒷걸음치는 것이라고 한다. 그래서 지속적인 교육을 위해 순장 세미나를 실시하기도 하고 특별 강사를 초청해 교육하기도 한다. 물론 이런 것도 유익을 주고 순장에게 새로운 도전을 줄 것이다. 그러나 기본적으로 유지되어야 할 기초 체력이 없다면 이 역시도 반짝 효과에 불과하다. 그러므로 순장이 기초 영성을 탄탄히 하기 위해서는 매일 큐티를 생활화해야 한다.

우리 교회에서도 제자훈련 초창기에는 일주일에 하루씩 큐티를 하게 했다. 그러나 지금은 모든 순장이 매일 큐티를 한다. 그러자 순원들까지도 매일 큐티를 하는 순모임이 늘어나고 있다. 교회에서 매일 큐티하는 분위기를 조성하면 순장에게 나타나는 영적 결핍 현상을 막을 수 있다.

기도를 생활화하라

기도가 영혼의 호흡과 같다는 말은 과언이 아니다. "쉬지 말고 기도하라"(살전 5:17)라는 말씀이나 "모든 기도와 간구를 하되 항상 성령 안에서 기도하고"(엡 6:18)라는 말씀도 기도 생활의 중요성을 강조한다.

하나님이 한국 교회에 주신 축복인 새벽기도를 잘 활용하는 것은 지혜이다. 우리 교회에서는 제자훈련을 받는 기간에 새벽기도를 생활화하라고 권장한다. 새벽에 전혀 나오지 못하던 훈련생도 제자훈련이 끝나면 새벽기도를 생활화하게 된다. 새벽마다 말씀을 듣고 기도할 수 있다면 이보다 좋은 순장 교육은 없을 것이다.

전도를 생활화하라

말씀과 기도 생활과 함께 반드시 필요한 것이 전도이다. 순장이 전도의 열정이 없다면 순모임은 배가되지 않는다. 제자훈련을 하던 목회자들이 순모임 수나 순원 수를 늘리고자, 순모임에서 양육 기능을 포기하고 교제에 초점을 둔 모임으로 바꾸는 것을 본다. 순장이 전도에 열정이 있으면 순모임은 배가한다. 그러나 순장이 전도에 무관심하다면 어느 시점에 순모임은 자연스럽게 해체되고 말 것이다. 순장에게 전도의 열정을 심어 주어야 한다. 순모임의 배가와 성장은 순장의 영성에 크게 영향을 받는다. 그러므로 순장의 영성을 지속적으로 유지하도록 돕는 것은 무엇보다도 중요하다.

우리 교회의 순장들은 모두 전도폭발훈련을 1단계 이상 수료했다. 많은 순장이 지금도 계속 훈련자로 섬긴다. 전도의 열정이 없는 순모임은 생기가 없다. 새롭게 태어나는 영혼을 보며 함께 기뻐하고, 새가족이 성장하는 모습을 보며 함께 감격하고 도전 받는 순이 되어야 한다.

5장

제자훈련,
포기할 수 없는 이유

제자훈련에 실패는 없다

제자훈련을 하면서 실패할 것만 같은 두려움이 몰려올 때가 있다. 제자훈련이 평신도의 머리만 키우는 결과를 낳지 않을까 걱정이 되기도 한다. 이는 제자훈련을 지식 전달로 잘못 생각하기 때문이다. 제자훈련이 제대로 이루어지기만 하면 그런 걱정을 할 필요가 없다. 제자훈련은 하나님의 말씀을 삶에 적용하며 살아 계신 하나님을 경험하는 훈련이다. 그러므로 더욱 겸손할 수밖에 없다. 겸손한 평신도와 하나님 나라를 위해 동역하는 기쁨은 맛보지 않은 사람은 모른다.

제자훈련을 하면 교회가 정말 건강해질 수 있을까 염려하는 사람도 있다. 간혹 제자훈련을 하는 교회 중에 열매가 없거나 어려움을 겪는 경우도 있기 때문이다. 물론 제자훈련을 하는 교회가 모두 건강하다고 말할 수는 없다. 목회자에게 문제가 있는 경우 더욱 그렇다. 그러나 분명한 점은 제자훈련 자체에는 실패가 없다는 사실이다.

제자훈련을 제대로 하면 많은 열매가 있다. 이는 주님께서 명령하신 사역이기 때문이다. 중요한 것은 제자훈련에 대한 목회자의 자세이다. 제자훈련의 열매가 없다면 분명히 그 이유가 있을 것이다. 무엇이 문제인지 살펴보고 분석해야 한다.

확신을 가지라

제자훈련을 하고 있거나 잠시 쉬고 있는 목회자에게 하고 싶은 질문이 있다. "제자훈련에 대한 확신이 있는가?" 어떤 상황에서도 제자훈련 목회를 할 것인지 자신에게 물어봐서 "반드시 할 것이다"라고 대답할 수 있어야 한다. 아니 죽을 각오로 제자훈련을 할 수 있어야 많은 열매를 얻을 수 있다. 제자훈련은 최악의 상태, 도무지 불가능하게 보이는 상황에서도 해야 한다.

나는 1988년 제자훈련을 시작한 이후로 단 한 번도 제자훈련을 의심한 적이 없다. 어려움이 없었던 것은 아니다. 어떨 때는 제자훈련 받은 자들이 변하지 않기도 했고, 교회를 떠나는 사람도 있었으며, 제자훈련을 부정적으로 보는 사람들이 사역을 방해하기도 했다. 확연히 열매가 드러나지 않을 수도 있다. 그래도 해야 한다. 주님의 명령이기 때문이다.

주님의 명령에 순종한 제자들도 핍박당하고 손가락질도 당했다. 그러나 그들은 주님의 명령대로 제자 삼는 사역에 생명을 바쳤다. 그 결과가 바로 우리 자신임을 부인할 수 없다.

막연한 기대를 품고 제자훈련을 시작했거나 제자훈련을 하나의 프로그램쯤으로 생각하는 교회라면 지금이라도 늦지 않았으니 태도를 바꿔야 한다. 확신 없이 시작하면 어려움이 닥쳤을 때 쉽게 그만두고 말 것이다. 제자훈련은 이 땅의 누군가가 만들어 낸 독창적인 프로그램이 아니다. 주님이 몸소 실천하셨고, 교회에 명령하신 사역이기에 어떤 경우에도 계속해야 한다.

부정적인 면이 있음에도 제자훈련의 열매는 말로 다 표현할 수 없을 만큼 다양하고 풍성하다. 교회 안에 주님의 제자가 많으면 많을수록 권세 있는 교회로써 막강한 영향력을 행사하여 세상을 복음화 하는 데 쓰임 받을 수 있다. 말씀에 확신을 가지고 제자훈련을 하면 교회는 분명히 건강해질 것이다. 섬김의 도를 행하는 사랑이 넘치고 화목한 교회가 될 수 있다.

아직도 확신이 없는가? 그렇다면 주님이 가르쳐 주신 사역을 불신하는 셈이다. 주님의 방법이 아닌 다른 방법으로 사역이 잘될 것으로 여긴다면 로또 복권에 당첨될 거라 여기며 복권을 사는 행위와 별반 다를 바가 없다. 제자훈련을 시작하면 주님이 함께하시고 적극적으로 도와주실 것이다. 말씀을 확신하고 지금 바로 시작하라.

"믿음이 없어 하나님의 약속을 의심하지 않고 믿음으로 견고하여져서 하나님께 영광을 돌리며." 롬 4:20

"오직 믿음으로 구하고 조금도 의심하지 말라 의심하는 자는 마치 바람에 밀려 요동하는 바다 물결 같으니 이런 사람은 무엇이든지 주께 얻기를 생각하지 말라." 약 1:6-7

본질에 집중하라

나는 제자훈련을 위해 많은 것을 포기해야 했다. 반드시 참석해야 하는 모임 외에는 어떤 외부 모임에도 참석하지 않았다. 목사에게 제자훈련보다 더 중요한 것은 없다는 확신을 품으면 어렵더라도 다른 부분을 포기할 수 있다.

한 사람이 변화되기 시작하는 것을 경험한 목회자는 제자훈련을 놓을 수 없다. 삼 대째 믿음의 가정에서 자란 나는 교회 안에서 사람이 변화되는 것을 거의 보지 못했다. 믿음으로 구원받고 자신의 복을 추구하며 사는 것이 신앙생활이라고 생각했다. 교회에는 무슨 회의가 그렇게 많은지, 회의만 하면 얼굴을 붉히고 때로는 다투기까지 하는 모습을 심심찮게 보았다. 그리고 그런 모습을 대수롭지 않게 여기는 교인들을 보며 신앙생활을 한다고 해서 사람이 변하는 것은 아니라고 생각했다. 그런데 제자훈련을 받고서 영적으로 성장하여 장성한 그리스도인이 된 사람들의 모습은 놀라웠다. 삶이 달라지고 구령의 열정으로 전도에 온 힘을 쓰는 모습을 옆에서 지켜보면서 놀라움을 금치 못했다.

아직도 많은 교회에서 변화되지 않은 영적 어린아이가 중직을 맡거나 직분자가 되는 경우가 많다. 이런 경우 교회에 문제가 생길 수밖에 없다. 우리 교회에서 제자훈련을 받고 다른 교회로 간 자매가 한 명 있다. 자매는 그 교회에서 변화되지 않은 직분자들이 교회의 요직에 있는 것을 보며 신기하다고 말했다. 영적으로 성숙하지 못한 사람들이 이끄는 교회에서 어떤 열매를 맛볼 수 있겠는가?

목회자는 자신의 모습을 살펴야 한다. 바깥으로 돌아다니기를 좋아하는 성향이라면 고쳐야 한다. 그리고 정치를 좋아하는 성향이라면 내려놓으라고 이야기하고 싶다. 목사가 정치를 좋아하면 교회도 세상적인 부분으로 물들게 될 것이다. 오래전 사람 좋기로 소문난 선배 목회자가 있었다. 사람 만나기를 좋아하고 인간성이 좋아서 후배들이 많이 따랐다. 그러나 그에게는 정치를 좋아하는 성향이 있었다. 그래서 대화를 하다 보면 미묘하게 어색해지고 대화의 초점이 맞지 않았다. 나는 그 선배에게 제자훈련에 대해 침이 마르게 설명하고, 우리 교회의 열매를 직접 볼 수 있도록 순모임에 함께 참여하게 했으며, 제자훈련 지도자 세미나에 참석할 수 있도록 추천해 주었다. 이 선배가 지금은 제자훈련을 모든 목회의 중심으로 삼고 있다. 그래서 요즘은 제자훈련에 대한 생각을 깊게 나눌 수 있는 관계가 되었다.

제자훈련을 하려면 포기하고 내려놓아야 할 것이 많다. 한 영혼에 모든 것을 걸 열정이 있어야 제자훈련의 열매를 얻을 수 있다. 목회의 본질이 제자훈련이라는 사실을 발견하면 다른 것들은 정말 시시하게 보여 과감하게 버리고 내려놓을 수 있다. 무엇을 버려야 하고 무엇을 내려놓아야 할 것인지 진지하게 생각해 보기를 바란다.

십자가의 원리를 근간으로 하라

부여 출신의 한 청년이 제주도 자연의 아름다움에 매료되어, 제주도의 풍경을 사진으로 찍는 데 평생을 바치기로 결심한다. 그 청년은 바로 김영갑이라는 사진작가이다. 무거운 카메라를 들고 좋은 사진을 찍기 위해서라면 절벽에 몸을 매다는 일도 서슴지 않았다. 사진에 미친 그는 제주 자연의 아름다움을 담기 위해 온몸과 마음으로 노력하다, 루게릭이라는 불치의 병을 얻어 젊은 나이에 생을 마쳤다. 그는 세상을 떠나기 전에 초등학교 폐교에 '김영갑 갤러리 두모악'을 열었다. 그곳에 가면 제주도의 신비를 담고 있는 비경을 사진으로 만날 수 있다.

그의 사진은 제주의 중간산과 오름의 모습을 잘 표현한다. 한 지역을 봄, 여름, 가을, 겨울과 같은 계절 콘셉트로 표현하기도 하고, 아침과 점심, 저녁으로 표현하기도 했다. 같은 지역이지만 날씨, 구름 등에 따라 다양하게 표현되었다. 아름다운 경치를 찍기 위해 몇 시간씩 꼼짝하지 않고 한 자리에 있는 것은 여간 힘든 일이 아니다. 그는 자연의 아름다움을 많은 사람에게 보여주려고 자신의 몸을 불살랐다.

제자훈련의 열매는 십자가의 원리로만 얻을 수 있다. 예수님께서 십자가에서 하나님의 뜻을 이루셨기 때문이다. 제자훈련을 세상 일을 하듯 해서는 안 된다. 세상의 대기업이 하는 것처럼 지식에 의존해 경영학적 시스템을 도입하거나, 조직을 구축하여 제자훈련을 성공으로 이끄려는 교회가 많다. 하지만 제자훈련은 세상의 방법으로는 성공할 수 없다. 십자가를 통한 어렵고 힘든 길을 통해서만 빛을 볼 수 있다. 세상적인 방법으로 제자훈련을 하려는 목회자에게서 주님의 사랑과 겸손과 헌신을 찾기란 어려울 것이다. 그뿐인가? 이들은 쉬운 길을 택할 것이다. 쉽게 하려고 하면 반드시 망하게 되어 있다. 거창고등학교의 직업 선택 십계명은 많은 것을 생각하게 해 준다.

1. 월급이 적은 쪽을 택하라.
2. 내가 원하는 곳이 아니라 내가 필요한 곳을 택하라.
3. 승진의 기회가 거의 없는 쪽을 택하라.
4. 모든 것이 갖추어진 곳을 피하고, 처음부터 시작해야 하는 황무지를 택하라.
5. 앞다투어 모여드는 곳은 절대 가지 마라. 아무도 가지 않는 곳으로 가라.
6. 장래성이 전혀 없다고 생각되는 곳으로 가라.

7. 사회적 존경을 바랄 수 없는 곳으로 가라.
8. 한가운데가 아니라 가장자리로 가라.
9. 부모나 아내나 약혼자가 결사반대를 하는 곳이면 틀림없다.
10. 왕관이 아니라 단두대가 기다리는 곳으로 가라.

참으로 마음을 울리는 내용이 아닌가? 주님은 이렇게 말씀하셨다.

"좁은 문으로 들어가라 멸망으로 인도하는 문은 크고 그 길이 넓어 그리로 들어가는 자가 많고 생명으로 인도하는 문은 좁고 길이 협착하여 찾는 자가 적음이라." 마 7:13-14

제자훈련을 하는 목회자는 세상의 사고를 버려야 한다. 내 목적도 버려야 한다. 주님의 목적을 이루어 드리기 위해 십자가의 원리를 근간으로 삼아야 한다.

하나님 앞에서 리더가 되라

목회자는 단지 성경 지식만을 가르치는 자가 아니다. 입술로만 가르치는 것은 아무런 소용이 없다. 목회자는 멘토이자 본보기가 되어야 한다. 가정교육이 잘된 자녀를 보면 대부분 부모가 모범적이다. 평신도의 영성은 목회자의 영성에 영향을 받는다. 목회자가 전도에 열정이 있으면 평신도도 그대로 닮는다.

  나는 내성적이라 원래 사람들과 어울리는 것을 좋아하지 않는다. 그러나 전도하기 위해 성품을 극복하려고 노력했다. 처음 보는 사람에게 먼저 인사하고 말을 걸고, 교제하고자 시간과 물질을 냈다. 매년 전도 집회 때는 늘 사람들을 초청하려 한다. 내가 전도한 사람 가운데 순장으로 동역하는 평신도를 보면, 나 자신의 어떠함을 뛰어넘어 복음을 위해 노력하는 게 얼마나 중요한가를 새삼 느낀다.

  비단 전도뿐이 아니다. 성도는 헌금과 기도 생활, 섬김의 자세 등 모든 분야에서 목회자를 닮게 되어 있다. 그러므로 목회자는 자신을 살피고 부단히 노력해야 한다. 언제나 하나님 앞에서 살아간다는 사실을 인식하고 마음까지도 살펴야 한다. 교인들 앞에서만 거룩하게 보인다면 바리새인이나 서기관들과 다를 바 없을 것이다.

  예수님의 산상수훈을 보면 전부 마음에 관한 내용이다. 그분은 내면의 문제가 얼마나 중요한가를 알려 주셨다. 내면의 문제는 그대로 둔 채 제자훈련의 기술과 방법을 사용한다고 해서 열매를 얻을 수는 없다.

  오늘날 교회가 성령의 능력을 의지하기보다는 세상의 마케팅과 학문을 끌어들여 무능력한 교회로 전락하는 것을 본다. 목회자는 십자가의 사랑에 흠뻑 젖어 있어야 한다. 살아 있는 하나님의 말씀과 성령의 능력을 매일 경험해야 한다. 그렇지 않으면 아무리 지식적으로 잘 가르친다 해도 교인들은 머리만 커질 뿐 변하지 않을 것이다. 목회자가 하나님께 위임 받은 사역을 현장에서 잘 감당하기 위해서는 그분 앞에서 행동하는 자세가 필요하다. 목회자는 하나님을 속일 수 없고 자신도 속일 수 없다. 스스로 자기 자신을 가장 잘 안다. 항상 자신의 마음과 삶을 살펴봐야 한다.

> "모든 지킬 만한 것 중에 더욱 네 마음을 지키라 생명의 근원이 이에서 남이니라." 잠 4:23

또한 교인들을 속일 수 없음을 명심해야 한다. 교인들은 목사를 누구보다도 잘 알고 있다. 자신들을 건성으로 대하는지 진정으로 사랑하는지 안다. 일시적으로 위장할 수는 있겠지만 오래가지는 못한다. 존경 받는 목회자가 되지 못하면 제자훈련의 열매는 기대할 수 없다. 하나님 앞에서의 자세를 유지할 때 영적인 리더십을 겸비한 유능한 현장 지휘관이 될 수 있음을 알아야 한다.

먼저 주님의 제자가 되라

제자훈련의 열매를 얻고자 공부를 하거나 지혜로운 방법을 배우는 것은 좋다. 그렇다고 탁월한 지식을 소유하거나 유명 대학에서 학위를 받아야 하는 것이 아니다. 오히려 그런 목회자들이 제자훈련의 열매를 맺지 못하는 경우를 종종 본다.

제자훈련의 열매를 얻으려면 먼저 자신이 주님의 제자가 되어야 한다.

제자훈련을 하는 목회자는 자신이 주님의 제자인지부터 살펴야 한다. 세상 사람들의 성공은 좋은 집과 차를 사고 사람들의 박수를 받는 것이다. 그러나 주님의 제자는 자신의 유익을 위해 사역하지 않는다. 자신의 성공을 위해서 달리지도 않는다. 한 영혼이라도 더 구원하기 위해 노력한다. 주님의 뜻을 이루어 드리는 것을 목표로 사역한다. 큰 교회를 이루는 것이 목표가 아니다.

목회자는 한 영혼을 위해 모든 것을 집중하고, 주님의 성품을 닮으려고 노력해야 한다. 그리고 제자훈련에 집중해야 한다. 대충하거나 흉내 내는 정도로 해서는 안 된다. 제자훈련에 모든 것을 다 투자해야 한다. 마음과 시간과 재능을 드려 최선을 다해야 한다. 제자훈련의 열매를 맛보는 교회의 목회자를 보면 특별히 탁월하지 않다. 오히려 평범하다. 그런데 한 가지 공통점이 있다. 성실하다는 점이다. 이들은 조급해하지 않고 맡겨진 일에 최선을 다한다.

욕심을 경계하라

제자 삼는 사역에서 또 한 가지 중요한 점은 욕심을 경계하는 것이다. 제자훈련으로 동역할 평신도가 세워지면 조급한 마음에 인간적인 방법을 사용할 수 있다. 또 숫자에 눈을 돌리게 되고, 교회 성장에 욕심이 생길 수 있다. 그러나 교회의 성장을 측정하는 기준은 교인 수가 아니라 제자의 수임을 명심해야 한다. 그러므로 목회자는 제자의 수가 많아지도록 제자훈련에 집중해야 한다. 다른 데로 눈을 돌려 제자훈련이 조금이라도 소홀해지면 안 된다.

예배당을 건축하고서 새로 들어오는 교인이 많아졌다. 그들을 보며 기쁨보다는 마음이 무거웠다. 훈련받은 평신도 지도자들의 숫자를 생각할 때 교인들이 여기저기서 몰려오는 것은 바람직하지 않다는 생각이 들었다. 나는 "주님, 전도하지 않고 그냥 몰려오는 것은 건강한 교회가 되는 데 도움이 되지 않습니다. 그만 보내 주십시오"라고 기도했다. 큰 교회 목회자가 되려는 마음은 제자의 마음이라 할 수 없다. 제자들이 가득한 건강한 교회는 숫자가 적어도 산을 옮길 수 있을 뿐 아니라 사탄의 공격을 능히 이길 수 있다. 그러나 무리가 많은 교회는 사탄의 공격에 쉽게 무너진다.

제자훈련을 잘하는 교회를 살펴보면 급성장한 교회는 거의 없다. 제자 삼는 사역이 하루아침에 이루어지지 않기 때문이다. 꾸준한 노력과 인내가 필요하다. 오직 주님의 명령을 따라 꾸준히 최선을 다하면 어느 날 열매를 맛볼 수 있다. 곁눈질하지 않고 제자훈련에만 집중하면 주님께서 함께해 주시는 것을 실감할 수 있다. 주님이 약속하신 말씀 그대로 이루어지는 것이기에 당연한 결과이다.

> "그러므로 너희는 가서 모든 민족을 제자로 삼아 아버지와 아들과 성령의 이름으로 세례를 베풀고 내가 너희에게 분부한 모든 것을 가르쳐 지

키게 하라 볼지어다 내가 세상 끝날까지 너희와 항상 함께 있으리라 하시니라." 마 28:19-20

주님이 도우시고 보살피시는 것을 경험하면 참으로 즐겁게 목회를 할 수 있다. 나도 제자훈련을 하면서 육체적으로 힘든 시기를 보낸 적이 있다. 그러나 주님의 도우심으로 열매를 맺는 기쁨은 세상 그 무엇과도 비교할 수 없었다. 그분의 보살핌은 당장 그만두고 싶다가도 다시 제자훈련을 붙들게 하는 힘이 됐다. 또한 교회의 권위가 땅에 떨어진 이 시대에 교회는 제자훈련을 통해 권세 있는 공동체가 될 수 있다. 목회자는 먼저 자신부터 주님의 제자가 되기 위해 가지치기해야 할 것이 무엇인지 생각해 보고 실행에 옮겨야 한다. 다시 한 번 더 강조하고 싶다. 제자훈련을 하다 잠시 난항을 겪는다고 실패했다고 생각하지 않기를 바란다. 제자훈련에 실패는 절대 없기 때문이다.

교회론의 관점에서 살펴본 제자훈련과 교회

교회는 그리스도의 몸이다

교회를 나타내는 표현은 여러 가지가 있다. 신약에서는 교회를 '에클

레시아'라고 했는데 '하나님이 특별하게 불러내셨다'는 뜻이 있다. 이는 하나님이 예수님을 통해 불러 주신 구원 받은 성도를 일컫는다. 원래 '에클레시아'는 아테네에서 백성을 통치하는 기구로 시민권이 있는 아테네 사람으로 구성되었는데, 나팔소리를 듣고 초청에 응한 사람이 모인 집단이라고 한다. 이처럼 교회는 하나님이 예수님을 통해 초청한 사람들의 모임, 즉 하나님 백성의 모임이다.

우리는 보통 교회를 '그리스도의 몸'이라고 하고 성도를 '지체'라고 표현하는데, 이 말에 교회의 특성과 사역의 방향성이 잘 드러난다. 여러 지체가 몸을 이루듯 성도들의 모임이 교회임을 나타낸다. 각 지체는 몸 안에서 각기 다른 역할을 담당하며 다른 위치에서 서로 연결되어 섬기고 보완하는 관계에 있다. 모든 지체는 몸에 붙어서 각자의 역할을 질서 가운데 행하므로 건강한 몸을 이룬다. 하나님은 교회를 그리스도의 몸이라고 하시며 교회가 어떤 공동체인지 말씀해 주셨다.

한 몸 공동체 교회

'그리스도의 몸'이라는 것은 교회가 한 몸 공동체임을 의미하는 것이다. 건강한 지체는 머리의 지시에 순종한다. 그러나 병든 지체는 머리가 아무리 지시를 해도 지시대로 움직일 수가 없다. 교회의 머리 되신 주님의 뜻과 상관없이 내 꿈과 욕심을 채우기 위한 일을 한다면 지체라고 할 수 없을 것이다. '그리스도의 몸' 속에 있는 지체는 자신의 꿈과 계획도 주님의 뜻 안에서 실천해 나간다. 이처럼 지체의 역할을 잘 감당하는 자가 바로 주님의 제자이다. 제자는 머리 되신 주님께 무조건 순종하므로 주님의 뜻을 이루어 드리며 주님의 손과 발이 되어 맡은 역할을 잘 감당한다. 교회는 여러 지체가 모여 한 몸을 이루고 머리 되신 주님의 뜻을 이루어 드리는 공동체이다.

"너희는 그리스도의 몸이요 지체의 각 부분이라." 고전 12:27

교회는 많은 지체가 모여 있기에 바람 잘 날이 없다. 그러나 주님의 제자들이 많으면 많을수록 여러 문제를 극복할 수 있다. 사탄의 공격도 큰 어려움 없이 이겨 나갈 수 있다.

지체는 무조건 사랑해야 한다. 이 땅에서 교회만큼 강력한 사랑의 공동체는 없다. 부부가 이루는 가정보다 훨씬 더 강력한 사랑이 있는 공동체가 교회가 되어야 한다. 제자들은 주님과 함께 3년 동안 사역하며 서로 이해하고 사랑하게 되었다. 다른 제자의 연약함도 보고, 자신의 밑바닥도 내보이면서 지체 의식을 가지게 되었을 것이다. 그리고 그들은 주님이 명령하신 영혼 구원을 위해 합심했다.

"이에 열둘을 세우셨으니 이는 자기와 함께 있게 하시고 또 보내사 전도도 하며." 막 3:14

지체는 몸에 붙어 있는 동안 살아 있는 생명체이다. 생명체는 무조건 머리의 지시에 따라 움직여야 한다. 지체는 위치와 역할은 달라도 주어진 하나의 사명을 위해서는 합심하고 전심전력할 수 있다. 제자들은 예수님의 사역을 위해서 죽도록 충성했다. 그들은 어디를 가든지 주님을 모시고 그분의 지시를 따랐다. 그들이 순종하는 곳에는 언제나 주님이 함께하셨다.

복음을 전하다가 순교한 평신도 지도자 스데반 집사는 주님을 뵈었다.

"스데반이 성령 충만하여 하늘을 우러러 주목하여 하나님의 영광과 및 예수께서 하나님 우편에 서신 것을 보고 말하되 보라 하늘이 열리고 인자가 하나님 우편에 서신 것을 보노라 한대." 행 7:55-56

스데반의 순교는 핍박자 사울을 사도 바울이 되게 했다. 스데반을 바라보셨던 주님이 오늘도 주님의 뜻을 이루어 드리기를 원하는 제자들과 함께 계심을 의심하지 말아야 한다.

사역을 계승하는 공동체 교회

'그리스도의 몸'이라는 말은 참으로 놀라운 표현이 아닐 수 없다. 그 안에 여러 의미가 담겨 있기 때문이다. 먼저 교회를 그리스도의 몸이라고 하신 것은 예수님의 사역을 계승하는 공동체임을 알려 주신 것이다.

우리는 머리 되신 주님의 뜻에 따라 몸을 위해 사역해야 한다. 건강한 몸의 지체는 질서에 따라 제 역할을 잘 감당한다. 어떤 사역이든 지체가 하나될 때 가장 좋은 결과를 얻을 수 있다. 예수님은 교회가 제 역할을 감당하기를 간절히 바라셨다. 그래서 십자가 위에서 죽음을 앞두고 하나가 되게 해 달라고 간절히 기도하셨다. 하나 되지 않고는 하나님의 사역을 제대로 계승할 수 없음을 너무나 잘 아셨기 때문이다.

교회가 하나 되지 못하고 자기주장만 내세우며 분열하여 세상 사람들의 조롱거리가 되는 경우를 자주 본다. 몸의 모든 지체가 머리의 지시에 따라 하나처럼 움직일 때 비로소 건강한 몸이라고 할 수 있듯이, 교회 내 모든 성도가 머리 되신 주님의 뜻을 받들어 섬긴다면 교회는 주님이 원하시는 사역의 열매를 맺을 수 있을 것이다.

교회는 세상 공동체처럼 개인의 꿈을 이루기 위해 존재하는 곳이 아니다. 간혹 교회를 잘 모르는 사람이 직분을 벼슬로 착각해서 자기 목소리를 높여 교회를 분열되게 한다. 이러한 지체 때문에 교회가 해야 할 사역을 전혀 하지 못하는 경우가 많다. 예수님은 교회의 이런 모습을 염두에 두시고 십자가에 달리시기 전에 요한복음 17장에서 그분의 간절한 마음을 기도로 표현하셨다.

"나는 세상에 더 있지 아니하오나 그들은 세상에 있사옵고 나는 아버지께로 가옵나니 거룩하신 아버지여 내게 주신 아버지의 이름으로 그들을

보전하사 우리와 같이 그들도 하나가 되게 하옵소서." 요 17:11

"아버지여, 아버지께서 내 안에, 내가 아버지 안에 있는 것같이 그들도 다 하나가 되어 우리 안에 있게 하사 세상으로 아버지께서 나를 보내신 것을 믿게 하옵소서." 21절

"내게 주신 영광을 내가 그들에게 주었사오니 이는 우리가 하나가 된 것 같이 그들도 하나가 되게 하려 함이니이다." 22절

"곧 내가 그들 안에 있고 아버지께서 내 안에 계시어 그들로 온전함을 이루어 하나가 되게 하려 함은 아버지께서 나를 보내신 것과 또 나를 사랑하심같이 그들도 사랑하신 것을 세상으로 알게 하려 함이로소이다." 23절

교회는 주님의 뜻을 이루어 드리는 공동체로, 주님의 사역을 계승해야 한다. 그런데 예수님은 하나가 되지 않고는 그 어떤 것도 제대로 이룰 수 없다는 사실을 너무나 잘 아셨기 때문에 우리를 향해 가서 제자 삼으라고 하신 것이다. 제자들은 주님의 뜻을 마음에 품고 행하는 자들이기 때문이다. 주님의 "모든 민족을 제자 삼으라"라는 말씀은 제자들을 통해 세계 곳곳에 주님의 뜻이 계승되어 더 많은 영혼이 주님께 돌아오길 바라는 마음을 표현하신 것이다. 예수님의 제자들은 그분의 명령에 따

라 모든 민족을 제자로 삼고자 세계 곳곳으로 나아갔다. 요한과 예수님을 배반한 가룟 유다를 제외한 나머지 제자들은 제자 삼는 사역을 위해 모두 순교했다. 제자들은 죽도록 충성했다. 우리도 그 열매 가운데 하나이다. 교회는 제자 삼는 사역을 위해 존재한다. 이 세상 끝 날까지 제자 삼으라는 주님의 명령은 아직도 유효하다.

"너희가 열매를 많이 맺으면 내 아버지께서 영광을 받으실 것이요 너희는 내 제자가 되리라." 요 15:8

존귀한 공동체 교회

사람들이 대부분 가장 귀하게 여기는 것이 돈과 명예이다. 그러나 사실 가장 귀한 것은 자신의 몸이다. 몸보다 귀한 것은 없다. 교회를 '그리스도의 몸'이라고 하신 것은 교회가 얼마나 존귀한 공동체인가를 알려 주신 것이다. 예수님은 그리스도의 몸인 교회와 성도와의 관계를 지체라고까지 하시며 자신의 몸을 위해 맡은 역할을 잘 감당해야 함을 말씀하셨다. 지체는 건강한 몸이 되도록 최선을 다해야 한다. 두 다리는 열심히 운동을 하여 온몸을 건강하게 하고, 손과 입은 음식을 먹을 때 활약하여 몸을 건강하게 유지되게 한다.

예수님의 제자들은 가는 곳마다 교회를 세우고, 건강한 교회가 되게 하고자 힘을 다해 사역했다. 안디옥교회가 선교와 구제에 모범적인 교회가 될 수 있었던 이유는 안디옥 교회의 목회자로 파송 받은 바나바와 바울이 헌신적으로 동역했기 때문이다. 안디옥 교회를 건강한 교회로 세우고자 바나바는 바울을 데리고 오기까지 했다. 그래서 안디옥교회에서 믿는 사람들이 처음으로 그리스도인이라고 불리게 되었다.

> "바나바가 사울을 찾으러 다소에 가서 만나매 안디옥에 데리고 와서 둘이 교회에 일 년간 모여 있어 큰 무리를 가르쳤고 제자들이 안디옥에서 비로소 그리스도인이라 일컬음을 받게 되었더라." 행 11:25-26

안디옥 교회는 '작은 예수들'이 많은 교회가 되었다. 직분을 주신 목적도 교회를 세우기 위해서이다. 다시 말해 건강한 교회가 되게 하려고 직분을 주신 것이다.

> "그가 어떤 사람은 사도로, 어떤 사람은 선지자로, 어떤 사람은 복음 전하는 자로, 어떤 사람은 목사와 교사로 삼으셨으니 이는 성도를 온전하게 하여 봉사의 일을 하게 하며 그리스도의 몸을 세우려 하심이라." 엡 4:11-12

그럼에도 교회를 허무는 일에 앞장서는 자들이 초신자나 세상의 핍박자가 아니라 오히려 직분자나 교회 중직들이라는 사실이 오늘날 한국 교회의 현실이다. 교회를 귀하게 여겨야 할 자들이 오히려 교회를 허무는 이유는 교회가 왜 존재하며 자신이 무슨 일을 해야 하는지 잘 모르기 때문이다.

"여러분은 자기를 위하여 또는 온 양 떼를 위하여 삼가라 성령이 그들 가운데 여러분을 감독자로 삼고 하나님이 자기 피로 사신 교회를 보살피게 하셨느니라." 행 20:28

하나님은 예수님을 통해 생명의 피 값을 치르고 교회를 세우셨다. 그래서 교회를 '예수 생명'이라고 표현한다. 아들의 생명을 주어 세운 교회는 이 세상에서 영혼을 구하는 가장 귀한 공동체이다. 이러한 교회는 생명의 공동체로써 역할을 잘 감당하기 위해 사람들을 제자 삼아야 한다.

병을 잘 고치는 병원은 인기가 있다. 한 사람을 치료하여 생명을 살리고 연장하는 것이 얼마나 중요한가를 알기 때문이다. 그렇다면 한 영혼을 살려서 영생을 얻게 하는 교회가 얼마나 존귀한 공동체인가를 잘 알아야 한다. 교회가 세상에서 해야 할 역할을 잘 감당하는 존귀한 공동체가 되기 위해서는 주님의 몸 된 교회를 귀하게 여기는 제자들이 교회에 가득해야 한다. 교회를 허물거나 자기의 뜻에 따라 움직이려는 자가 있다면 그는 아직 제자가 아니다. 주님의 몸 된 교회를 사랑하고 섬길 때 비로소 제자라고 할 수 있다.

우리 교회에서 제자훈련을 받은 성도들은 여러 부서에서 맡은 역할을 잘 감당하며 건강한 교회를 세우기 위해 잘 섬기고 있다. 제자훈련은 성도를 성도답게 하고 교회를 존귀한 공동체로 세우는 데 필수인 참으로 소중한 사역임을 강조하지 않을 수 없다.

권세 있는 공동체 교회

성경을 보면 교회가 얼마나 영광스럽고 권세 있는 공동체인지 잘 표현하고 있다. 요한계시록 12장 1절은 "하늘에 큰 이적이 보이니 해를 옷 입은 한 여자가 있는데 그 발아래에는 달이 있고 그 머리에는 열두 별의 관을 썼더라"라고 말씀한다. 영국의 신학자이자 성경 주석가인 메튜 헨리는 이 본문을 이렇게 설명한다. "이 환상에서 교회는 '여자'로 묘사되는데 여자는 세상에서 연약한 존재이다. 그러나 그리스도의 신부이자 성도의 어머니이다. 또한 '해를 옷 입은 자'로 묘사되고 있다. 즉 주 예수 그리스도의 의를 옷 입고 있다는 말씀이다. 교회는 '의의 태양'이신 그리스도로 옷 입고 있으므로 그리스도와의 이러한 관계에서 교회에는 영예로운 권리와 특권이 있으며, 그분의 빛을 받아 빛나게 된다. 그리고 '그 발아래 달이 있는 것'으로 묘사된다(달은 세상을 뜻한다). 즉 교회는 이 세상 위에 서 있다. '그 머리에는 열두 별의 관을 썼다'라고 묘사되고 있다. 열두 별의 면류관은 모든 믿는 자들의 영광의 면류관인 열두 사도가 복음을 전해 세워진 교회를 뜻한다." 요한계시록의 이 말씀은 교회가 얼마나 찬란하고 영광스러운가를 표현한다.

권세 있는 교회의 역할을 잘 감당하려면 주님의 말씀에 귀를 기울여야 한다. 주님은 "너희는 가서 모든 민족을 제자로 삼으라"라고 하셨다. 제자 삼는 사역에 온 힘을 다하여 제자들로 가득 찬 교회가 될 때 권세 있는 교회가 될 수 있음을 말씀하신 것이다.

제자가 많은 교회는 예수님이 하신 사역을 그대로 하고자 힘쓴다. 예수님이 어떤 사역을 하셨는지 우리는 잘 알고 있다. 그분은 가는 곳마다 거룩한 영향력을 행사하셔서 그분의 권세를 나타내셨다. 예수님의 가르침을 받은 사람들이 진리를 깨닫고 잘못된 길에서 돌이켰다. 병든 자가 회복되었다. 육체의 병뿐만 아니라 마음의 병까지도 회복되었고, 궁극적으로 구원을 받았다. 사람의 생각으로 도무지 불가능해 보이는 문제들이 해결되었다. 또한 예수님은 믿지 않는 자들에게 복음을 전파하셨고, 많은 영혼이 회개하고 복음을 받아들였다.

> "예수께서 온 갈릴리에 두루 다니사 그들의 회당에서 가르치시며 천국 복음을 전파하시며 백성 중의 모든 병과 모든 약한 것을 고치시니." 마 4:23

세상이 할 수 없는 사역을 할 수 있기에 교회에는 권세가 있다. 다시 말해 교회는 세상에서 가장 영향력 있는 공동체이다. 교회의 권세가 예수 그리스도로부터 시작된다는 점에서는 모든 교회가 동일하지만, 제자 삼는 사역에 집중하는 교회는 그 영향력이 배가되어 주님의 뜻을 이 땅에서 이루어 드릴 수 있다.

"나라가 임하시오며 뜻이 하늘에서 이루어진 것같이 땅에서도 이루어지이다." 마 6:10

제자들은 작은 예수로서 주님을 닮아가므로 세상에서 빛과 소금의 역할을 감당하고 그리스도의 향기를 발하는 자들이다. 여기서 말하는 권세를, 죽을병에 걸린 자가 살아나거나 도무지 해결할 수 없는 문제가 해결되는 것이라고만 말해서는 안 된다. 권세는 제자의 삶을 사는 한 사람의 작은 영향력에서부터 시작되기도 한다.

남편의 구원을 위해 오랫동안 기도하던 아내의 기도가 응답되어, 남편이 전도집회에 나와 예수님을 인격적으로 영접했다. 이후 남편은 제자훈련을 받고 그렇게 즐기던 술을 끊었다. 술을 끊고 나니 퇴근 시간이 빨라져서 아내와 자녀와의 대화 시간이 많아졌다. 무서운 아빠에서 자상한 아빠로 바뀌었다. 늘 군림하던 남편에서 설거지와 집안일까지 도와주며 항상 아내를 배려하는 남편이 되었다. 남편의 변한 모습으로 가정 전체가 바뀌었다. 한 사람의 변화로 가정에 거룩한 영향력이 흘러넘치게 되었다. 더 나아가 시댁 식구와 직장 동료까지 열심히 전도했다. 이렇게 한 사람에게 전파된 복음이 한 가정과 가문, 직장까지 바꾸었다. 이런 일들은 제자 삼는 교회에서 얼마든지 볼 수 있다. 이런 교회를 권세 있는 공동체 교회라고 해도 틀린 말이 아닐 것이다.

  교회 안에 주님의 제자가 많으면 많을수록 세상에 더 큰 거룩한 영향력을 끼칠 수 있다. 그러나 주님께서 명령하신 본질적인 제자 삼는 사역보다 사람들의 요구와 시대 상황에 맞추어 세상의 프로그램을 도입하여 훈련되지 않고 성숙하지 않은 직분자를 양산하고 보기에 좋은 건물을 세우기에 급급하다면, 교회는 참으로 초라한 모습으로 전락하고 말 것이다.

  세상 사람들의 소리를 크게 듣고 세상 문화를 받아들여 사람의 마음을 기쁘게 하는 공동체에서는 주님의 제자를 찾아 볼 수 없고 세상에 거룩한 영향력을 행사할 수 없을 것이다. 겉으로 보기에는 화려하고 많은 것을 이룬 것처럼 보이지만 본질적인 사역보다 비본질적인 사역에 열을 올리므로 결국 복음의 열매가 없는 빈껍데기만 남게 될 것이다.

> "화 있을진저 외식하는 서기관들과 바리새인들이여 너희는 교인 한 사람을 얻기 위하여 바다와 육지를 두루 다니다가 생기면 너희보다 배나 더 지옥 자식이 되게 하는도다." 마 23:15

한 형제는 처음으로 교회 나가는 부모님이 예수 믿기를 간절히 소원하며 부모님을 교회로 인도했다. 그런데 하필이면 그 주 예배 후에 직분자들끼리 다툼이 일어났다. 그 모습을 본 형제의 부모님은 교회에 발걸음을 끊었다. 누가 이 형제 부모님의 영혼을 책임질 수 있겠는가? 교회가 머리 되신 주님의 뜻을 받들지 않으면 오히려 주님의 사역을 방해할 수 있음을 기억해야 한다. 주님의 심장을 품은 제자가 많은 교회가 영혼들을 주님께로 인도한다. 그리고 세상 사람들에게서 존경을 받게 된다. 교회의 머리 되신 주님을 모시고 주님의 뜻을 잘 받드는 교회만이 권세 있는 교회로서 세상을 그리스도의 영향력으로 충만하게 할 수 있다.

"또 만물을 그의 발아래에 복종하게 하시고 그를 만물 위에 교회의 머리로 삼으셨느니라 교회는 그의 몸이니 만물 안에서 만물을 충만하게 하시는 이의 충만함이니라." 엡 1:22-23

섬기는 공동체 교회

제자들에게 가장 약한 부분이 섬기는 부분이었던 같다. 그들은 성만찬의 자리에서까지 누가 큰가를 두고 다투었다. 높아지기를 원하는 제자들을 보시며 주님이 강하게 책망하신 말씀을 잊어서는 안 된다.

"또 그들 사이에 그중 누가 크냐 하는 다툼이 난지라 예수께서 이르시되 이방인의 임금들은 그들을 주관하며 그 집권자들은 은인이라 칭함을 받으나 너희는 그렇지 않을지니 너희 중에 큰 자는 젊은 자와 같고 다스리는 자는 섬기는 자와 같을지니라 앉아서 먹는 자가 크냐 섬기는 자가 크냐 앉아서 먹는 자가 아니냐 그러나 나는 섬기는 자로 너희 중에 있노라."
눅 22:24-27

교회는 예수님의 희생으로 세워진 공동체이다. 그래서 섬김과 희생 그리고 인자로 가득 차 있어야 한다. 그러나 사탄은 교회가 섬기는 공동체가 되는 것을 그냥 두고 보지 않는다. 수단과 방법을 가리지 않고, 이기적이고 군림하려는 사람들이 교회를 좌지우지하게 하고 싶어 한다. 교회 안에서 부르는 직책은 이미 세상에서 사용하는 이름으로 가득 차 있다. '회장, 부장, 대장, 대표, 이사' 등과 같은 명칭이 사용된 지 오래되었다. 세상 직위의 명칭을 사용하는 것 자체가 잘못된 건 아니지만, 교회 내의 모든 직분이 세상 직위와는 다른 섬김의 직분임을 잊어서는 안 된다. 예수님도 이 땅에 섬기러 오셨다고 하셨다.

"인자가 온 것은 섬김을 받으려 함이 아니라 도리어 섬기려 하고 자기 목숨을 많은 사람의 대속물로 주려 함이니라." 마 20:28

예수님은 자신의 생명을 대속물로 주셔서 우리를 구원하셨다. 섬기지 않는 교회는 하나님의 뜻을 이루어 드릴 수 없다. 섬김 받으려는 직분자들로 가득 찬 교회는 다툼과 분쟁 때문에 한 영혼을 구원하는 일에 마음을 모을 수 없다.

또한 우리는 자기 십자가를 지고 주님을 따라야 제자가 될 수 있다.

"누구든지 자기 십자가를 지고 나를 따르지 않는 자도 능히 내 제자가 되지 못하리라." 눅 14:27

실제로 우리가 십자가에 처형되는 것은 아니지만, 십자가 사형 선고를 받은 자처럼 사역해야 함을 말씀하신다. 십자가에 이미 사형이 결정된 자들은 모든 것을 내려놓았다. 모든 것을 내려놓은 사람은 더 이상 욕심을 부리지 않는다. 오늘날 교회 안에서 물질 문제로 얼마나 시끄러운가? 주님은 하나님과 재물을 겸하여 섬길 수 없음을 말씀하셨다. 제자들은 재능과 시간뿐 아니라 물질까지 아낌없이 드려 섬길 수 있어야 한다.

지체는 생명이 다하는 그 시간까지 섬기지만 자신을 드러내거나 자랑하지 않는다. 섬기는 것으로 만족한다. 몸 안에 지체가 소리 없이 섬기듯 교회 안의 섬기는 자는 말이 없어야 한다. 섬기면서 자신을 자랑하고 드러낸다면 이를 진정한 섬김이라 할 수 없다. 몸을 구성하는 한 부분은 몸이 건강하다고 해서 우쭐대지 않는다. 몸의 한 기능으로 섬길 뿐이다. 자신의 자리를 지키며 몸을 건강하게 하는 역할을 다하는 것으로 만족하는 것이다.

제자훈련이 제대로 된 교회라면 섬김의 정신으로 가득 차 있어야 한다. 어떤 직책이냐에 관심을 두어서도 안 된다. 어디든지 주님이 필요로

하시는 곳에 가서 섬길 수 있어야 한다. 바나바와 사울이 안디옥 교회에서 사역의 열매를 맺고 있을 때 안디옥 교회의 파송으로 1차 전도여행을 떠난다. 그들의 섬김으로 이룩한 사역의 결과가 얼마나 풍성한지 일일이 설명할 수 없다. 주님 앞에 갔을 때 무엇을 자랑할 수 있겠는가? 직분인가? 신앙의 연수인가? 사람들이 쳐 주는 박수인가? 아니다. 오직 섬김의 열매를 자랑할 수 있다.

우리 교회는 각 부서에서 섬기는 자들을 '섬김이'라고 부른다. 그리고 리더는 '섬김장'이라고 부른다. 연말이 되면 각 분야의 섬김이를 모집한다. 사무행정, 예배, 청소, 차량, 로비, 관리, 등 물론 모든 섬김이는 무급이며, 때로는 사역을 위해 자신의 시간과 물질을 드리는 경우도 있다. 연말이면 300명 가까운 사람이 섬김이를 하겠다고 지원한다. 원하는 자리에서 섬길 수 있는 것도 아니다. 1지망부터 3지망까지 적게 하고 교회의 사정에 따라 섬길 곳에 배치한다. 직분자나 오래 사역한 사람들은 자신이 지원하지 않은 곳에서 섬기기도 한다. 지원율이 센 곳은 몇 십 대 일이 되기도 하기 때문이다. 그래도 아무런 불평 없이 맡은 곳에서 1년 동안 조용히 섬긴다. 교사나 순장과 같은 가르치는 사역은 제자훈련을 수료한 사람만 섬길 수 있다. 천국 소망을 품고 있는 사람은 불평하지 않는다. 오히려 섬길 기회가 있음에 감사하며 기쁘게 섬긴다.

섬기는 공동체는 언제나 화평하기에 천국을 미리 맛볼 수 있다. 그러나 섬김 받기를 원하고 직분이 벼슬처럼 되어 교회는 다툼과 시기로 교회로서의 역할을 감당할 수 없다. 교회는 섬기는 공동체이다. 주님 앞에 갔을 때 섬김의 삶을 산 자가 주님의 칭찬을 들을 것이다. 우리가 섬김에 대한 거룩한 욕심을 품고 살아간다면, 교회가 주님께 돌아오는 영혼들로 가득 차게 될 것이다.

"너희 중에 누구든지 으뜸이 되고자 하는 자는 너희의 종이 되어야 하리라." 마 20:27

맺는 글

"그러나 내가 나 된 것은 하나님의 은혜로 된 것이니 내게 주신 그의 은혜가 헛되지 아니하여 내가 모든 사도보다 더 많이 수고하였으나 내가 한 것이 아니요 오직 나와 함께하신 하나님의 은혜로라." 고전 15:10

쓰임 받는 사람과 쓰임 받지 못한 사람의 차이는 무엇일까? 재능, 능력, 지식의 차이일까? 물론 차이가 있을 것이다. 그러나 믿음의 사람이 쓰임 받는 이유는 단 한 가지이다. 성령의 이끄심에 따랐다는 것이다. 성령의 이끄심에 따르는 사람은 자신의 생각을 내려놓고 어떤 상황에서도 좌절하거나 포기하지 않는다. 자신의 기분에 따라 행동하지 않으려 애쓴다. 다섯 달란트, 두 달란트 받은 사람은 재능도 다르고 능력도 달랐다. 그러나 그들은 자신의 생각을 내려놓고 주인의 뜻에 따라 일했다. 성경에 나오는 믿음의 사람은 대부분 끝까지 쓰임 받았다. 믿음의 조상 아브라함, 모세, 여호수아, 열두 사도와 사도 바울은 모두 끝까지 쓰임 받은 사람들이다. 믿음의 사람들은 한결같은 모습을 보인다.

어떤 목회자라도 당연히 하나님께 끝까지 쓰임 받고 싶을 것이다. 끝까지 쓰임 받고 싶은 마음은 누구에게나 있다. 문제는 끝까지 하겠다는 결단과 성령의 도우심을 구하는 간절함이 있느냐이다.

제자훈련을 시작하고 나서 지금까지 쉬지 않고 계속하고 있다. 쉬어야 하는 상황이 올 때도 있었다. 그러나 제자훈련이 본질임을 믿고 달려왔더니 성령께서 도우셨다. 또한 1989년 전도폭발훈련 임상 훈련을 받고 바로 교회에서 훈련을 시작하여 지금까지 쉬지 않고 전도폭발훈련을 하고 있다.

많은 교회에서 제자훈련에 도전을 받고 훈련을 하려고 한다. 그러나 시작도 해 보지 못하고 포기하는 경우도 있고 과욕을 부려 너무 많은 팀을 훈련하다가 탈진해서 그만두기도 한다. 과욕은 금물이다. 한 팀을 하더라도 쉬지 않고 계속 하는 것이 중요하다. 끝까지 최선을 다하면 성령께서 이끌고 도우셔서 많은 열매를 맺게 해 주실 것이다.

바로 가서 시작하는 것이 지혜이다. 두 달란트, 다섯 달란트 받은 사람의 열매는 바로 가서 했기 때문에 가능했다. 하나님의 뜻을 알았다면 바로 시작하면 된다. 너무 오랫동안 준비하다가 하지 못하는 사람도 있다. 이 사람, 저 사람 말을 듣다 보면 열정이 식고 다른 생각들이 들어가기 때문이다. 기도하기 위해서 기도에 대한 책을 다 읽고 기도하는 것은 어리석은 짓이다. 그냥 무릎을 꿇고 기도하면 된다.

　내가 제자훈련을 시작한 때가 1987년이었다. 그때는 자료도 부족하고 제자훈련을 하는 교회도 많지 않았다. 물어볼 사람도 없었다. 그렇지만 바로 시작했다. 모르는 것도 많았고 부족한 것이 많았지만 성령께서 도와주셨다. 지나고 보니 모든 것을 성령께서 하셨다. 나는 단지 순종했을 뿐이다. 이 모든 영광을 하나님께 올려 드린다.

부록

나를 변화시킨 제자훈련

도무지 변하지 않고 성장하지 않는 사람들과 하나님 나라를 위해 동역할 수 있을까? 그들에게 직분을 주고 조직의 한 부서를 맡기면 물론 열심히 할 수는 있을 것이다. 그러나 변화와 영적인 성숙 없이 행하는 사역은 억지로 끼워 맞춘 퍼즐이나 블록처럼 엉성하기 짝이 없다. 이런 경우 교회는 생각보다 큰 아픔을 겪는다. 주님의 마음을 품고 주님을 본보기로 삼으며, 주님을 닮아 가는 사람들과 함께 사역하는 목회자는 행복하다. 그런 성도들이 많은 교회는 건강하다. 변화된 삶을 사는 성도들은 교회와 이웃을 섬기며 주님의 사랑을 실천하여, 기쁨으로 사역을 감당한다.

　우리 교회는 대도시 교회처럼 수평 이동으로 성장한 교회가 아니다. 전 교인의 70-80퍼센트가 전도를 받아서 온 성도이다. 우리 교회 성도들을 보면 세상에 명함을 내밀만한 유명 인사나 큰 부자는 별로 없다. 그러나 변화된 성도들은 많다. 제자의 삶을 살려고 애쓰는 사람들 때문에 교회가 힘 있게 여러 가지 사역을 하고 있다. 나도 변하는 지체들을 보며 놀라는 경우가 많다. 순장도 제자훈련을 받아야 순원들이 변한다는 기대감을 가지고 제자훈련을 권면한다. 그리고 아내나 남편 또는 자녀까지도 변하지 않는 배우자나 부모에게 제자훈련을 적극적으로 권한다. 그만큼 제자훈련에 대한 기대치가 높다는 것은 감사한 일이다. 제자훈련으로 변화된 모습을 보고 누구보다도 가장 놀라는 사람은 바로 자기 자신이다. 자신의 과거를 돌아보며 변해 있는 모습을 보고 놀란다. 물론 가족이나 이웃, 교회도 놀란다. 그래서 그들은 간증으로 하나님께 영광을 돌려 드리기를 좋아한다.

　제자훈련을 인도하시는 분은 하나님이시다. 성령 하나님이 하시는 일은 너무나 놀랍다. 지금까지 이 일을 이루신 하나님께 감사와 영광을 올려 드린다.

김명혜 순장 / 제자훈련1기

한명숙 순장 / 제자훈련 9기

모윤희 순장 / 제자훈련 12기

김순옥 순장 / 제자훈련 34기

정광덕 순장 / 제자훈련 37기

이연희 순장 / 제자훈련 49기

장민기 순장 / 제자훈련 56기

김경희 순장 / 제자훈련 59기

김명혜 순장 제자훈련1기

먼저 대광교회로 저를 인도해 주시고 제자훈련으로 제 삶을 변하게 하시며, 평신도 사역자로 섬길 복을 주신 하나님께 모든 영광 돌립니다. 제자훈련은 저에게 새롭게 변할 기회이자 다시 한 번 주님을 진실로 만날 기회가 되어주었습니다. 또한 제 삶에서 가장 소중한 시간이었습니다.

저는 불교 집안에서 태어나 어린 시절부터 어머니의 손을 붙잡고 절에 다니다가 고등학교 때 친구의 전도로 교회에 다니게 되었고 나름 신앙생활을 열심히 했습니다. 부모님의 심한 반대가 있었기에 더욱 '나는 주님을 사랑하는 열심히 있는 사람이구나' 하고 생각했습니다.

고등학교를 졸업하고서 부모님의 극심한 반대가 있었지만 신학교에 진학했습니다. 신학교에 다니면서 신앙의 학문적인 폭은 넓어졌으나 도리어 그 지식이 신앙 성장에 방해가 되었습니다. 많은 것을 아는 것 같지만 정말 알아야 할 것을 알지 못하는 그런 신앙인으로 살았습니다. 주님을 사랑하기보다는 '나도 안다. 내가 하면 저렇게 안 해'라는 교만으로 머리만 큰 사람이었습니다. 이기적이고 내 주관에 맞지 않는 모든 것은 틀린 것으로 정죄했습니다. 겸손한 것 같지만 전혀 겸손하지 않은 모습이었습니다. 목사님의 설교에는 은혜를 받지 못하고 판단하며, 내가 은혜 받지 못하는 탓을 모두 목사님께 돌렸습니다.

고등부 교사, 성가대 등 여러 봉사는 했지만 영적인 성장과는 거리가 멀었고, 성장의 필요성도 느끼지 못한 채 결혼을 했습니다. 경제적으로 아무것도 없는 남편을 만나 돈이 없는 데서는 오는 서러움과 불만이 점점 많아졌습니다. 그러고는 '돈을 벌어야 되겠다. 사람은 돈이 많아야 돼' 하는 생각에 남편과 함께 장사를 시작했습니다. 결국 교회 생활은 점점 멀어져 갔습니다. 주일예배는 한 번만 나가면 족한 생활이었습니다. 남편도 교회는 다녔지만 주님을 사랑하지는 않았습니다. 그저 예배에 나아가 하는 일은 가정의 평화를 비는 것뿐이었습니다.

육신의 피곤함 때문에 남편에게 짜증을 자주 냈습니다. 저는 양보할 줄 모르고 이기적인 성품의 사람이었습니다. 오직 내 생각만 했기에 남편에 제 의견을 따라 주지 않으면 견딜 수가 없었습니다. 남편도 신경질적인 저의 성격에 항상 힘들어했고, 그래서 가정에 평안이 없었습니다. 남편과의 싸움에서도 저는 반드시 이겨야 했고, 잦은 부부 싸움을 하면서도 그 탓을 모두 남편에게 돌렸습니다.

교회도 모르고 주님의 마음도 모른 채 신앙은 갈피를 잡지 못하고 방황하던 중 주님은 저희 가정을 대광교회로 인도해 주셨습니다. 벌써 27년의 세월이 지나 제자훈련을 받은 지 25년이 되었습니다. 지난 시간을 생각하니 감사할 것밖에 없습니다.

저는 자매 제자훈련 1기 구성원이었습니다. 목사님 사택에서 함께 말씀을 나누며 성령의 역사하심을 강하게 체험했습니다. 그렇게 저는 변화되었습니다. 아이들이 제 주변에서 장난감을 가지고 놀고 있었지만, 놀랍도록 말씀에 집중할 수 있었습니다. 한 과 한 과 배울 때마다

고정관념이 깨지고 주님 뜻이 제 마음에 들어왔습니다. 나밖에 모르던 생각을 변화되게 하셨고, 주님이 바라시는 교회의 모습을 깨닫게 해 주셨습니다. 아울러 바른 교회관을 정립하고, 왜곡된 제 모습이 변화해야 함을 말씀으로 알려 주셨습니다. 주님은 저를 제자로 세워 주셨습니다.

제자훈련으로 인간적인 생각이 모두 깨졌습니다. 말씀을 삶에 적용할 수 없었는데, 이제는 말씀을 붙들고 삽니다. 인격과 성격도 변화되었습니다. 남편에게 이기적으로 대하던 모습에서 남편을 사랑하고 이해하는 모습으로 바뀌었습니다. 제가 변하니 남편도 변했습니다. 남편은 주님을 사랑하게 되었습니다. 우리 가정은 주님을 모시게 되었습니다. 그래서 늘 평안과 행복이 넘쳐 납니다. 지금도 생생하게 기억나는 일이 하나 있습니다. 자영업을 하기 때문에 가게를 비워 둘 수가 없습니다. 그런데 제자훈련 시간이 다 되도록 남편이 오질 않았습니다. 그래서 저는 그냥 믿음으로 제자훈련을 받으러 갔습니다. 그날 어떤 문제도 생기지 않았습니다. 주님께서 제자훈련을 받는 저 대신 그 자리를 지켜 주셨기 때문입니다.

제자훈련으로 주님은 저를 바꾸어 놓으셨습니다. 첫째, 우선순위가 바뀌었습니다. 삶의 우선순위에서 하나님 나라가 먼저임을 깨닫게 해 주심에 감사드립니다.

둘째, 저의 인격을 변하게 해 주셨습니다. 하나님 앞에서의 나, 가정에서의 나, 교회에서의 나, 세상에서의 나를 뒤돌아보면 정말 많은 변화가 있었습니다. 요즈음 제자훈련 수료하시는 분들의 간증을 들어 보면, 저를 바꾸어 놓으신 주님께서 지금도 한 인격체를 먼저 바꾸시는 모습을 보게 됩니다. 제자훈련으로 제가 변하지 않았다면 저의 가정도 온전하지 못했을 것입니다. 남편의 사업이 부도가 나고 힘든 상황을 겪었지만, 제자훈련을 받으면서 가정의 소중함을 깨닫고 가정 안에서 주님이 원하시는 역할이 있다는 것을 알게 되었기에 잘 극복할 수 있었습니다. 아직도 부족하지만 한 가정을 섬기는 자로서 변해야 할 부분을 바꾸셨고, 많은 어려움과 힘든 일 가운데서도 제자리를 지킬 수 있게 해 주셨습니다.

내가 있어야 할 자리에 있을 수 있는 것이 큰 은혜임을 알고 있습니다. 때로는 그 일이 얼마나 힘든지도 잘 압니다. 제가 특별히 큰일을 하는 것은 아니지만, 가정과 교회에서 저의 자리를 마련해 주신 주님께 감사드립니다. 우리 교회에 저보다 훨씬 능력도 많고, 전도도 많이 하고, 충성된 형제자매님들이 많고, 주님 앞에서 멋지게 신앙생활을 하시는 분들이 많음에도 자랑할 것 없는 제가 간증할 수 있게 되어 영광입니다.

셋째, 교회관이 제대로 정립되었다는 점입니다. 만약 교회관이 제대로 정립되지 않은 채로 신앙생활을 계속했다면 어떻게 되었을까요? 수많은 사람의 영혼 구원을 저도 모르게 방해했을지도 모른다고 생각하니 정말 끔찍합니다.

아직도 변해야 할 부분이 많지만, 요즘 성도들이 이 사실 하나만 알아도, 1퍼센트만 변해도 하나님 나라가 크게 확장될 거라고 생각합니다. 영광 받으실 그리스도의 질서 안에서 내가 해야 할 일을 알고, 우선순위를 알고, 그리스도의 몸 된 교회가 건강하게 세워지기를 소원하는 마음을 주셨습니다. 그것이 주님이 원하시는 일임을 저는 분명히 알고 있습니다. 이것이 신학교에서 배운 것이 아니라 제자훈련에서 말씀으로 정확하게 배우고 알게 깨닫게 되었습니다.

또한 말씀으로 영적 분별력을 갖게 해 주셔서 주님과 교회 편에서 분별하고 말하고 행동하게 된 것에 감사합니다. 적어도 신앙생활을 하면서 주님 마음을 아프게 할 일은 절대 하지 않겠다는 다짐했습니다. 말씀으로 주님 뜻인지 아닌지를 분별할 수 있게 해 주신 것이 정말 주님의 은혜일 뿐입니다. 저는 지금까지 평신도 사역자로 목사님의 목회철학에 순종하며 기쁘게 동역하고 순장으로 섬기고 있습니다.

제자훈련 사역은 변화의 사역입니다. 한 개인을 바꾸어서 교회를 변하게 하고, 교회를 바꾸어서 그 지역을 변하게 합니다. 사람을 변하게 하는 일이 얼마나 힘듭니까? 하나님께서 25년 전 배창돈 목사님을 세우시고, 굳센 믿음으로 제자훈련에 헌신하게 하신 것을 감사드립니다. 이 제자훈련과 목사님의 헌신으로 성도 한 사람 한 사람이 변화되었고, 오늘의 건강한 대광교회를 세울 수 있었습니다. 저의 삶에서 대광교회와 목사님을 만난 것이 최고의 축복인 것 같습니다. 부족하지만 주님 앞에 다시 서는 날까지 주님의 제자로, 목사님의 동역자로 헌신된 삶을 살 것입니다. 모든 영광을 주님께 돌립니다.

한명숙 순장 제자훈련 9기

저는 시댁과 친정이 모두 철저한 불교 집안이어서 주위에 한 사람도 예수님을 믿는 사람이 없었습니다. 저 자신도 사람은 죽으면 흙으로 돌아간다고 믿는 무신론자였기에 누군가의 입술에서 나오는 예수님 이야기는 정말 우습게 넘겨 버릴 말장난 정도로 여기며 살아왔습니다. 더욱이 말 많고 실속 없는 예수쟁이들은 누가 뭐래도 딱 싫었고 차 한잔하기도 싫을 정도로 기독교인이 역겹다고 생각했습니다. 독선적이고 배타적인 기독교 논리는 이미 학창 시절에 기독교개론을 듣고 숙지하고 있었습니다. 누구를 만나도 변론할 수 있을 정도였습니다. 이렇게 교만이 하늘을 찌르고 잘난 척하며 살아가던 저를 예수님께서 만나 주셨습니다.

대광교회 배창돈 목사님과의 만남은 제 인생을 완전히 뒤바뀌어 놓은 전환점이 되었습니다. 훗날 목사님이 전도폭발훈련을 받고 오셔서 제가 전도 대상 1호였다고 말씀해 주셨는데, 저는 복음 제시와 전도 축제를 통해 예수님을 믿게 되었습니다. 또 지체들의 기도와 사랑을 한 몸에 받으며 다시 하나님의 자녀로 회복되었습니다.

그러나 6남매 종갓집 맏며느리로 1년에 제사를 열두 번이나 지내던 불교 집안에서 교회에 다니는 일은 가문을 거역하는 일과도 같았습니다. 남편과 시댁, 친정 식구가 모두 합세해 저를 핍박하기 시작했습니다. 교회 나가면 집안이 망한다며 다리라도 부러뜨려 못 나가게 해야 한다는 시어머니의 핍박은 정말 견디기 어려웠습니다. 시어머니는 남편에게 뭐라고 하셨고, 믿음이 없었던 효자 남편은 가운데서 괴로워했습니다. 그래서 남편은 저에게 갖은 욕설을 퍼붓고, 폭력을 휘둘렀습니다. 예배만 드리고 오면 찢기는 성경책을 바라보며 이렇게 집안을 송두리째 뒤흔들면서까지 교회에 다녀야 하나 심각하게 고민했습니다.

그러던 어느 날 둘째아이가 2개월 되었을 때 제자훈련을 받았습니다. 그저 말씀이 좋아서 시작한 이 훈련은 제 일생 일대 가장 멋지고 소중한 시간입니다. 교만하고 변화되지 못했던 제가 말씀 앞에 벌거벗겨졌을 때 전율하지 않을 수 없었습니다.

이 훈련에서 주님은 저에게 말씀으로 인격을 대변하셨습니다. 주일 낮에 예배 한 번 가는 것도 어려워했는데, 새벽예배를 포함해 교회의 모든 예배 다 드리면서도 성령 충만함으로 담대해졌습니다. 예수님은 언제나 제 눈물을 닦고 위로해 주셨으며, 삶의 작은 부분에서도 구체적으로 응답해 주셨습니다. 기도의 힘을 실감하지 않을 수가 없었습니다. 하나님의 말씀 앞에 철저히 저를 열었습니다. 마음속 깊은 곳까지 숨겨져 있던 죄 된 모습을 말씀에 비추니 부패된 육신의 생각이 하나님 앞에서 우상이었음을 발견하고 통곡하지 않을 수 없었습니다.

경건의 시간에 매일매일 하나님의 음성을 듣고 말씀의 찔림을 받아 회개했습니다. 말씀을 삶에 적용하려고 노력했는데, 말씀의 능력은 참으로 대단하며 실제적이었습니다. 성령이 조명하시는 대로 삶의 변화가 한 가지씩 일어났습니다.

늘 목이 곧고 남과 비교하며 잘난 척하던 저를 온전함으로 다듬고 계신 주님의 손길을 느낄 수 있었습니다. 이스라엘 백성을 낮에는 구름기둥으로, 밤에는 불기둥으로 인도하시며 매일 만나를 공급하셨던 주님은 제게도 평안과 감사의 생명수를 끊임없이 부어 주셨습니다. 창세기 12장, 신명기 28장 말씀으로 제가 복의 근원임을 말씀해 주셨습니다. 제가 말씀에 순종할 때 모든 민족 위에 뛰어나게 하여 저를 통해 세계와 열방이 하나님께 돌아오게 하는 축복의 통로로 쓰임 받게 하신다고 말씀하셨습니다. 어떤 고난을 만나더라도 말씀의 청사진을 품을 수 있도록, 저의 야망이 아닌 하나님 나라를 꿈꾸는 사람으로 완전히 변화되게 하셨습니다.

그리고 우리 가정을 모두 구원해 주시는 기적도 체험했습니다. 먼저 남편이 주님을 영접하고, 그렇게 심하게 핍박하셨던 시부모님이 전도 축제 때 예수님을 영접하셨습니다. 시어머니는 지금 대구에서 집사님으로 교회를 잘 섬기고 계십니다. 새벽기도는 또 얼마나 열심히 나가시는지 모릅니다. 또 독실한 불교 신자였던 시동생도 주님 앞에 나왔습니다. 시동생은 이전에 제 앞에 무릎을 꿇고 "형수님, 제발 우리 부모님 돌아가시면 교회 다니세요"라고 애원했던 사람입니다. 그러나 완전히 변한 시댁 식구들을 보며 우리 가문을 우상 섬기는 가문에서 믿음의 가문으로 바꾸어 주신 하나님을 높여 드리지 않을 수가 없었습니다. 십자가의 고난을 이기고 내가 한 알의 밀알로 썩을 때 많은 열매를 맺게 한다는 부활의 주님을 체험했습니다. 이제는 시댁에서 저를 얼마나 존귀한 자로 세워 주시는지 몸 둘 바를 모를 정도입니다. 이 모든 것이 다 제자훈련 덕분입니다.

하나님의 영광을 위해 살겠다는 삶의 목표는 전도의 열정으로 이어졌습니다. 과거에 저는 강퍅하고 교만한 사람이었습니다. 그래서 이제는 그런 사람들을 이해하며 감싸 안고 품을 수 있습니다. 주님이 저를 품어 주셨듯이 저도 그렇게 하려고 합니다. 늘 거룩한 부담을 안고 전도하는 일에 힘쓰는 자로 살아가려 합니다. 전도폭발 사역을 통해 복음을 들었던 저는 20년 가까이 사역 훈련자, 교사로 섬기고 있습니다. 전도의 현장에서는 늘 성령님의 강력한 인도하심으로 많은 사람이 주께로 돌아오는 감동적인 천국의 드라마가 펼쳐집니다.

전도 현장에서는 다양한 대상자들을 만납니다. 저는 남편 직장에서 몇몇 분들을 만나 복음을 전하기 시작했습니다. 남편과 같은 사무실에 근무했던 여직원에게 복음을 전했습니다. 그 여직원은 회심했습니다. 또 40세가 되면 죽고 싶다고 되풀이해서 말하며 사는 것 자체가 고역이라던 이웃을 우리 교회 전도 축제에 초대해서 예수님을 믿게 했습니다. 지금은 두 분 다 제자훈련과 전도폭발훈련을 받고 순장으로 섬기며 교회에서 헌신된 자들로 섬김의 본을 보여주고 있습니다. 40세에 죽는 것이 소원이라던 자매는 40세에 주님을 만나는 기쁨을 누렸고, 셋째를 임신해서 아기를 낳은 날도 그다음 날도 하루도 빠지지 않고 새벽예배에 나와 기적의 주인공이 되었습니다.

우리 교회엔 보이지 않는 곳에서 묵묵히 섬기는 보배로운 지체들이 많이 있습니다. 그것은 목사님이 25년이 넘게 제자훈련으로 끊임없이 평신도 사역자를 배출하셨기 때문입니다. 대광교회는 가르치고 전파하고 치료하는 건강한 공동체로 성령이 늘 놀라운 은혜를 베풀어 주십니다.

제가 순장으로 섬긴 지 20년이 다 되어 갑니다. 제가 섬기는 순원 가운데는 가정이 깨진 상태에서 전도되어 함께 순모임에서 성경공부를 하게 된 자매들도 있습니다. 시간이 지나면서 이들은 하나님께서 세우신 가정의 소중함을 깨닫고 남편을 용서하고 자신의 잘못을 깨달았습니다. 가정이 놀랍게 회복되어 바로 세워지는 모습을 지켜보는 것은 제겐 참으로 큰 기쁨입니다.

제가 맡고 있는 순원들을 위해 헌신하면, 또 이 순원들이 새로 전도를 해서 믿는 자들이 배로 불어납니다. 또 주님이 순원들의 기도에 응답해 주셔서 때로 기도하는 우리조차 놀랍니다. 새로 전도된 순원들로 구성된 순모임을 맡은 적이 있습니다. 첫 시간에 하나님의 자녀인 우리가 간절함으로 기도할 때 하나님이 응답하신다고 선포하고 집으로 돌아왔습니다. 그런데 그 순모임에서 새신자 세 명이 내놓은 기도 제목이 모두 이루어졌습니다. 한 자매님은 자녀가 생기지 않아서 자녀를 갖도록 기도 제목을 내놓았고, 또 한 자매님은 전셋집 기한이 다 돼 집 문제 해결 받을 수 있도록, 또 한 자매님은 결혼하고서 몇 년 동안 계속된 얼굴에 생긴 피부병이 치유되도록 기도 제목으로 내놓았습니다. 피부병을 고치려고 온갖 병원과 한의원을 다니며 좋다는 약을 써 봤지만, 그때뿐이지 완전히 치유되지는 않았습니다. 피부병 부위가 얼굴이다 보니 자매님이 몹시 힘들어하고 위축되어 있었습니다. 그런데 하나님이 피부병을 깨끗이 치료해 주셨습니다. 자녀를 간절히 바랐던 자매에게는 아이를 낳을 수 있는 축복을 주셨고, 전셋집 문제로 고민하던 자매는 문제가 잘 해결되어 내 집 마련을 평탄하게 할 수 있게 되었습니다. 우리는 모두 전능하신 하나님께 감사하며 찬양 드렸습니다.

그때부터 자매님들은 새벽예배를 드리기 시작했습니다. 그러자 자매님들을 통해 전도의 문이 열렸습니다. 같은 아파트에 사는 자매를 전도 축제로 인도해서 수료하게 했습니다. 교회 나온 지 불과 7-8개월밖에 되지 않는데도 하나님은 순모임에서 치료의 역사와 각종 은혜를 부어 주셨습니다. 또 하나님을 사모하는 마음으로 성경공부를 진지하게 할 수 있는 지혜를 주시기도 했습니다. 살아 역사하시는 하나님의 사랑을 날마다 고백하며 전파하는 순모임으로 지금도 아름답게 성장하고 있습니다.

저는 순모임을 섬기며 사람을 세워 가는, 또 그들을 하나님의 위대한 일꾼으로 배출하는 제자훈련의 가치를 더욱 새롭게 깨달았습니다. 또 순장 직분은 세상의 장관 자리보다 더 귀하고 대단한 섬김의 자리임을 깨달았습니다. 그래서 오늘도 사랑과 섬김의 본을 보이는 작은 예수의 모습으로 충성스럽게 하나님의 교회를 섬기려고 노력합니다.

제게는 비전이 있습니다. 목사님의 신실한 평신도 동역자로, 사람을 낚는 어부로 서길 바라는 꿈입니다. 제가 전도한 사람들을 통해 거대한 하나님 나라가 세워지고 확장되길 소망합니다. 세계와 열방을 복음으로 변화되게 하는 거룩한 하나님의 사람들이 제자훈련으로 끊임없이 배출되기를 기대합니다. 또한 우리 교회 자유기독학교에서 조국을 살리는 크리스천 리더들이 각 분야에 쏟아져 나오기를 꿈꿉니다. 베드로, 요셉, 다니엘, 느헤미야와 같은 천국의 인재들이 이 세상을 하나님의 공의와 사랑으로 섬기기를 바랍니다. 그래서 저는 거룩한 영향력을 끼칠 자유기독학교를 위해 기도하고, 물질로 섬길 것입니다.

● ○   **모윤희 순장** 제자훈련 12기

저는 5세 때 어느 노처녀 전도사님의 등에 업혀 교회를 처음 나왔습니다. 전도사님은 여름성경학교나 성탄절 발표회가 되면 엄마 대신 한복을 빌려다 입혀 주면서 열심히 하라고 등을 두드려 주셨고, 모든 예배에 빠짐없이 심지어 밤에 드리는 구역예배까지 저를 업고 다니셨습니다. 지금 생각해 보면 그때 그 전도사님은 저를 한 알의 밀알로 생각하여 헌신적으로 섬겨 주신 것이었습니다. 결국 저를 통해 저희 집 모든 식구가 교회에 출석하게 되었습니다.

그 뒤 중고등부, 청년부를 지나면서 성가대와 주일학교 교사로 섬기고, 매달 청년부 회의를 진행하고 헌신예배 사회나 기도 순서를 맡으면서 마치 나의 믿음이 잘 성장하는 줄 착각했습니다. 그것이 그리스도인의 삶의 전부인 줄로 알고 살았습니다. 구체적으로 하나님에 대해 배워 본 적이 없었습니다. 그리스도가 나를 위해 하신 일, 진정한 그리스도인의 삶, 그리고 교회 공동체에서 지체로서의 역할 등은 들어 본 적도 없고 관심도 없었습니다. 무늬만 그리스도인이었습니다. 주일학교 교사와 성가대를 하면서도 주일에 회사에 일이 있거나 회식이 있으면 아무런 가책도 없이 교회에 빠졌고, 회식 후 2차로 술자리에 가면 분위기를 맞추기 위해 술도 한두 잔씩 마셨습니다.

그러면서도 마음 한구석은 늘 불안했습니다. 주일예배를 잘 드리고 성가대 연습을 잘할 때는 예수님께서 재림하시면 천국에 갈 수 있을 것 같은데, 주일예배를 빼먹고 술자리에 있을 때는 예수님이 오시면 지옥으로 떨어질 것 같아 걱정이 이만저만이 아니었습니다. 순전히 저의 행위에 따라 천국과 지옥이 결정되는 것 같았기 때문에 부디 제가 예배를 잘 드리고 있을 때 주님이 오시기를 기도하면서, 여전히 한 발은 세상에 한 발은 교회에 두고 가면을 쓴 채 이중생활을 계속했습니다.

그러던 중 결혼 전, 25세 때 근무하던 직장 신우회에서 배창돈 목사님을 통해 저의 인생을 완전히 바꾸신 예수님을 만났습니다. 목사님은 화요일마다 오셔서 성경을 가르쳐 주셨습니다. '하나님은 누구이신가? 예수님은 나와 무슨 관계가 있는가? 믿음이란 무엇인가? 교회가 무엇인가?'와 같은 질문으로 깊이 생각하게 했고, 복음을 구체적으로 설명해 주셨습니다. 이 성경공부로 20년간 쌓은 잘못된 신앙관이 완전히 바뀌었습니다. 한 번 예수님을 믿으면 그분은 영원히 저를 버리지 않으신다며 예수님이 나의 손을 붙잡고 있는 모양을 직접 자신의 양손을 붙잡고 보여주면서 설명해 주시던 목사님의 손을 잊을 수가 없습니다. 지금도 힘들고 어려운 일이 생길 때마다 목사님께서 보여주셨던 주님의 강하고 따스한 사랑의 손을 기억하면서 다시 힘을 얻곤 합니다.

예수님을 나의 구주와 주님으로 영접하고 나서 얼마나 기쁘고 안심이 되었는지 모릅니다. 이제는 행위에 따라 천국과 지옥이 결정되는 것이 아니라 십자가에서 나의 죗값을 대신 치르고 부활하신 주님의 은혜와 사랑으로 구원이 완전하게 이루어졌음을 믿습니다. 천국이 보장되었다고 생각하니 불안과 두려움에서 벗어나 참 평안을 누릴 수 있게 되었습니다. 이렇게 기쁘고 좋은데 20년간 확신 없이 지냈다는 것이 너무나 부끄러워 드러내어 기뻐할 수 없어서 속으로 남몰래 얼마나 감사했는지 모릅니다.

이후 목사님의 소개로 대광교회 청년과 결혼해 대광교회 교인이 되었습니다. 전도 축제를 수료하고 처음 순모임 예배에 참석했는데, 전에 참여했던 예배와는 전혀 달랐습니다. 순장님의 인도로 한 주간의 삶을 말씀으로 점검하고 나누며 하나님이 함께하신 경험을 간증하는 순원들의 모습에서 그동안의 교회 생활에서는 경험할 수 없었던 놀라운 일을 보고 들었습니다. 기도로 아이들의 병이 치유되고, 믿지 않는 남편을 위해 새벽기도에 나와 눈물로 기도했더니 남편이 회심하고, 심하게 핍박하는 시댁 식구를 주의 사랑으로 섬기고 새벽에 일어나 기차까지 타고 올라와 예배를 드렸더니 이제는 시댁에서 믿음을 인정받아 편하게 신앙생활하게 되었다는 간증을 들었습니다. 놀랍기도 했지만 한편으론 정말 그런 일이 일어날까 하는 의심도 들었습니다. 제자훈련을 하게 되면 나도 그런 놀라운 기적의 주인공이 될 수 있을까? 정말 그런 일이 일어나긴 할까 하는 기대감과 두려움을 품고 제자훈련을 시작했습니다.

제자훈련을 하면서 성경 지식으로는 저 자신이 절대 변할 수 없음을, 수년간 교회를 다녔다는 경력은 아무것도 아니라는 사실을 깨달았습니다. 오히려 신앙생활을 시작한 지 얼마 안 된 자매가 말씀을 깨달을 때마다 즉시 순종했더니 하나님의 역사가 일어났다는 간증을 들었습니다. 태의 문이 열리고 남편이 변했다는 이야기를 들었을 때 부러워하면서도 정작 저는 하나님 말씀을 살아 계신 능력의 말씀으로 받지 못하고, 습관적으로 교회 다녔을 때와 같이 말씀을 대했습니다. 그래서 기적은커녕 아무런 일도 일어나지 않았습니다. 제자훈련을 받으면 즉시 멋있게 변하는 사람도 있지만 저처럼 오랜 시간이 흐른 뒤에 변화되는 사람도 있나 봅니다.

제자훈련을 수료하고 순장이 되어 열심히 순원들을 돌봤습니다.

직장이 멀리 있었던 터라 퇴근하고서 차로 40분 거리를 달려 순원을 태우고 가서 순모임을 인도하고, 순원들에게 문제가 생기면 새벽에 하나님께 나와 기도하고 모든 예배에 빠지지 않았습니다. 매일 큐티를 하여 말씀 묵상에 힘쓰고, 주시는 말씀에 순종하려 애썼습니다. 그러나 이 정도는 대광교회 순장이면 당연히 하는 아주 기본적인 것입니다.

    문제는 새벽기도였습니다. 말씀 묵상과 새벽기도와 전도를 가장 강조하시는 목사님은 순장들의 영적 상태에 늘 관심을 갖고 점검하셨습니다. 순장의 신앙은 곧바로 순원들에게 영향을 끼치기에 건강한 교회를 세우는 데 순장의 영적 상태는 매우 중요함을 강조하셨습니다. 또한 교회가 존재하는 목적이 영혼 구원으로 하나님께 영광을 돌려 드리는 것이라고 말씀하셨습니다. 하루의 첫 시간을 주님 앞에 나와 말씀과 기도로 무장하고, 하나님의 뜻을 깨달아 영혼 구원에 힘쓰라고 권면하셨습니다. 이 말씀은 얼마나 듣고 또 들었는지 멀리서 목사님 그림자만 보아도 새벽기도가 떠올랐고, 하지는 못하면서 마음에 부담으로 가득 찼습니다. 특히 새벽에 못 나온 주간에는 목사님을 피해 몰래 숨어 다니기도 했습니다. 일주일에 4일 동안 새벽기도에 나오는 것이 전쟁이었습니다. 일주일 내내 새벽기도에 나오는 순장을 보며 '사람이 맞나? 저 사람들은 분명 직장에 다니지 않고 낮에 자니까 하루를 견딜 수 있는 걸 거야. 그렇지 않으면 피곤해서 어떻게 살겠어?'라고 생각했습니다. 이런 생각을 하며 어떻게든 4일을 채우려고 새벽마다 처절한 몸부림을 계속했습니다. 도대체 누가 새벽기도를 만들었냐고 물으신다면 예수님이 만드셨으니 예수님보다 더 바쁜 사람 있으면 나와 보라고 목사님이 말씀하실 때마다 저는 쥐구멍에라도 들어가고 싶은 심정이었습니다. 새벽기도 때문에 고민에 빠진 저를 안타깝게 여기신 주님께서는 한량없는 은혜를 베푸셨습니다.

그날도 저는 4일을 채우기 위해 안간힘을 쓰며 새벽기도에 나왔습니다. 목사님 설교가 끝나자마자 책상에 고개를 파묻고 있는 저에게 주님은 그동안 제가 의인인 척하면서 지었던 죄를 하나하나 회개하게 하셨습니다. 그날 새벽 말씀이 가슴으로 다가와 확 믿어졌습니다. 너무나 생생하게 말씀이 다가와 한 마디도 할 수 없었고, 오직 순종하겠다는 말씀만 드렸습니다. 그동안 목사님께서 왜 그렇게 새벽기도를 강조하셨는지 알 것 같았습니다. 너무나 선명하고 확실하게 주님의 말씀을 깨달을 수 있었습니다. 그리고 깨달은 대로 하루를 순종했더니 놀라운 일들이 하루 동안에 일어났습니다.

그동안 저는 순원들을 위해 기도하고 섬기는 일에 게으른 순장이었습니다. 아이들을 위해 기도하지 않은 무지한 엄마 같았습니다. 주님 품에 안겨 드려야 할 수많은 영혼을 놔두고 매일 바쁘다는 핑계만 일삼던 게으름뱅이였습니다. 이 모든 일이 너무나 안타깝고 죄송스러워 눈물로 기도하며 회개했습니다.

그 후로 얼마나 바쁘게 살았는지 모릅니다. 새벽에 기도하고 주님께서 주신 음성대로 순종하려니 하루가 너무나 짧습니다. 순원 한 명한 명을 위해 기도하고, 주신 뜻에 따라 순원들과 말씀을 나눕니다. 우리는 기적 같은 기도 응답을 많이 받았습니다. 아이들의 질병이 치유되고, 고통을 주던 이웃과의 문제가 해결되고, 남편이 회심하는 등 수없이 많은 하나님의 역사하심을 경험했습니다. 그래서 순원들도 말씀과 기도의 능력을 믿고 즉시 순종합니다.

그동안 주님은 제가 버려두었던 영혼이 얼마나 많은지 깨닫게 하셨습니다. 죄의 사슬에 매여 고통 받는 영혼을 반드시 되찾아 하나님께 올려 드리는 것이 제 삶의 목적임을 깨닫게 해 주셨습니다. 그날부터 저는 스튜디오에 오는 고객 중에서 눈여겨본 사람들을 정리해 새벽마다 이름을 불러 가며 기도합니다. 예전에는 전도 대상자를 만나러 가겠다고 결단해 놓고도 여러 핑계를 대면서 미루었고, 그 사람이 싫어하면 어떡하나, 어떻게 말문을 열어야 하나 걱정했습니다. 이제는 기도하면 그 사람의 향한 주님의 마음을 부어 주시고, 만났을 때 할 말도 생각나게 하시며, 무엇을 준비하면 좋을지 생각나게 하십니다. 한번은 기도를 하고서 팥빙수를 준비해 간 적이 있습니다. 저희 스튜디오에 정기적으로 오시는 분이었는데 며칠 전부터 팥빙수를 먹고 싶었다며 제가 준비한 것을 맛있게 드셨습니다. 또 요리를 못하는 제가 부침개로 전도를 한 적도 있고, 시골에서 친정어머니가 직접 만든 들기름, 된장으로 전도한 적도 있습니다.

하나님의 말씀이 100퍼센트 살아 계신 능력으로 믿어지니 저의 생각, 말, 행동 하나하나를 주님이 직접 다스려 주시는 것을 느낍니다.

새벽기도 시간에는 하나님께서 하루 동안에 나를 통해 이루고자 하시는 뜻을 깨달을 수 있도록 주님의 음성에 귀를 기울이고, 하나님의 생각을 들으면 순종하고 결단하는 기도를 올려 드립니다. 그러고서 그대로 하루를 살면 정말 놀라운 기적이 일어나는 것을 경험합니다.

남편과 온종일 같이 일하다 보면 예전에는 일하는 방식이나 성격 차이 때문에 자주 부딪히고 남편에게 상처를 주기도 했습니다. 지금은 남편과 나의 다른 점을 인정하고 주님을 대하듯 사랑으로 대하니 단점도 문제가 되지 않고 다툴 일도 없어졌습니다. 경기가 안 좋아져 매출이 적자이지만 걱정과 염려는 주님께 다 맡겼습니다. 스튜디오가 더 많은 전도 대상자를 만나는 장소로, 전도하는 데 필요한 물질의 통로가 되도록 주님이 축복해 주시길 기도합니다. 동역자 남편은 일주일에 이틀은 전도할 수 있도록 시간을 내주고 전도에 필요한 물질을 아낌없이 흘려 냅니다. 저는 브리스길라와 아굴라처럼 서로 주님의 일을 돕는 동역자로 세워달라고 남편을 위해 기도하고 있습니다.

저는 제자훈련을 받은 직후부터 변했던 사람은 아닙니다. 그러나 가나안 혼인 잔치 때 주님의 기적의 손길로 나중에 더 훌륭한 포도주가 나왔던 것처럼 저도 처음보다 더 성장해 가는 주님의 제자가 되고 싶습니다. 자격 없고 부족한 저를 일꾼 삼아 주시고 지금까지 인도해 주신 하나님께 감사드리며 주님의 제자로 훈련해 주신 목사님께 깊은 감사를 드립니다.

김순옥 집사 제자훈련 34기

저는 예수님을 믿기 전에는 물질을 잡으려고 발버둥을 치며 살았습니다. 그러나 저의 삶은 너무나 메말라 있었습니다. 아이들이 어렸을 때부터 재물을 모으려고 노력했지만, 욕심만 쌓여 죄악의 길에서 헤매며 살았습니다. 보증금 100만원에 월세 13만 원을 내는 밑바닥 삶에서 시작했습니다. 그것도 직장의 공금으로 말입니다.

저는 평택대광교회 집사님의 전도로 교회에 가게 되었습니다. 새가족반에서 예수님을 영접하고 하나님의 자녀로 새로 태어났습니다. 우상숭배하고 누구보다 미신을 잘 믿던 제가 새가족반에서 인생이 완전히 바뀌었습니다. 말씀으로 죄를 깨닫고 회개했습니다. 갈급한 마음에 단비를 내려 주신 하나님께 감사드립니다.

새가족반을 수료하고 바로 순모임에 들어가 말씀을 배우고 교제하며 기도하는 생활로 하나님의 풍성한 사랑을 깨달았습니다. 직장 일이 많아 시간을 내기가 어려웠지만, 그 시간에 받는 은혜가 돈과 바꿀 수 없었기 때문에 빠지지 않으려고 노력했습니다.

이후 전도폭발훈련을 받으면서 훈련생과 준훈련자로 사역하면서 그리스도를 전하는 자로 서게 되었습니다. 이 훈련을 받으면서 전도의 중요성을 실감했습니다. 또한 제자훈련도 당연히 해야 하는 것으로 여기고 지원했습니다. 온종일 직장에 얽매여 일하는 저였기에 시간을 내기가 여간 어렵지 않았지만, 할 수 없는 것을 하는 것이 제자훈련이라는 목사님 말씀에 '그래, 오직 순종이다'라고 생각하며 믿음으로 시작했습니다.

제자훈련을 받으면서 가장 부담스러웠던 점은 독서였습니다. 책을 펴면 졸음이 쏟아졌습니다. "일 때문에 피곤해요"라고 말했지만 지도하시는 사모님이 책을 읽는 습관이 안 되어서 졸린 거라고 말씀하시며 그래도 기도하며 읽어 보라고 하셨습니다. '아, 모든 것이 하나님께는 핑계에 지나지 않는구나'라는 생각이 들어 부끄러웠습니다. 그래서 순종하는 마음으로 어떤 때는 냉커피를 대접으로 마셔 가며 책을 읽느라 밤을 지새우다시피 하기도 했습니다.

제자훈련으로 인해 제 삶에 많은 변화가 있었습니다. 첫째, 쾌락과 이기적인 욕심에서 벗어나지 못하던 제가 예배를 사모하는 사람으로 바뀌고, 하나님께 모든 우선순위를 두게 되었습니다. 그 어떤 좋은 것이 저를 유혹해도 그것이 예배 시간보다 귀하지 않다는 것을 깨달았습니다.

둘째, 언어 습관이 바뀌고 봉사가 회복되었습니다. "유순한 대답은 분노를 쉬게 하여도 과격한 말은 노를 격동하느니라"라는 잠언 15장 1절 말씀을 직장 칠판에 적어 놓고 실천했습니다. 동료들까지 영향을 받아 직장 분위기도 차츰 바뀌었습니다. 하나님의 마음으로 먼저 배려하고 나눠 주기를 즐겨 하니 다른 사람들에게서 많이 변했다는 소리를 듣고, 대광교회에 나가기를 참 잘했다며 부러움을 사기도 했습니다.

셋째, 세상의 달콤한 유혹에서 벗어난 것입니다. 직장에서 저는 애주가에 놀기 좋아하는 사람으로 소문이 나 있었습니다. 예수님을 믿고 교회에 다니면서도 하나님보다 사람들의 눈만 생각하고 대광교회 교인들의 눈만 피하려 애쓰며 몰래 하는 사랑처럼 노는 자리에서 즐겼습니다. 제자훈련 초기까지만 해도 이따금씩 자리를 만들기도 했지만, 하나님께서는 제자훈련으로 저의 태도를 완전히 바꾸어 유혹을 이기고 죄의 자리에서 벗어나게 하셨습니다.

넷째, 직장 안에서 분별된 삶을 살게 되었습니다. 그래서 완악한 불교도인 직장 책임자를 믿음으로 이겨 낼 수 있었습니다. 처음에는 직장에서 성경책을 숨기고 예수 믿는다는 소리조차 못 했습니다. 다른 교회 다니는 직원들도 믿는 티를 내지 못하는 분위기였습니다. 야유회는 당연히 주일에 있었고, 길일이 되면 책임자는 직원들에게 부적을 나누어 주었습니다. 그러나 제자훈련을 받고 나서는 당당히 예수 믿고 교회 다닌다는 선언을 할 수 있었습니다. 비웃음도 당하고 외톨이가 되었지만 저의 달라지는 말과 행동에 책임자의 마음이 녹았고, 저는 떳떳이 신앙생활을 하며 교회 사역과 모든 모임에 참석할 수 있었습니다. 제자훈련 수료 여행도 마감 때문에 참석하기가 어려웠었는데, 하나님께서 책임자의 마음을 감동하셔서 즐겁게 다녀왔습니다. 제 삶에 바른 지혜를 주시는 안내자가 계시기 때문입니다.

다섯째, 건강의 축복과 그렇게도 바랐던 재물의 축복을 받았습니다. 2년 전 교통사고를 당했을 때 의사가 후유증이 심각할 거라고 말했습니다. 그런데 지금은 매일 새벽기도를 나갈 정도로 완전히 회복되었습니다. 힘든 일도 문제없이 할 수 있을 정도입니다. 또한 주일 헌금 3,000원밖에 할 수 없었던 제가 기쁨으로 십일조를 드릴 수 있게 되었습니다. 말씀을 깨닫고 십일조를 드리겠다고 결단하니 마음의 평안과 함께 풍성한 삶을 누리게 해 주셨습니다. 이제는 십일조뿐 아니라 최선을 다해 물질로 감사를 표현하며 섬기고자 노력합니다.

　고객을 상대할 때도 항상 밝고 좋은 이미지를 남길 수 있도록 행동 하나하나까지 성령의 인도를 받습니다. 말로만 전도하는 자가 아닌 행동으로 그리스도인임을 증거하며 한 영혼이라도 더 주님께 인도해야겠다는 열망을 주셨습니다. 또한 가장 중요한 근본인 가정에서부터 섬김의 모습을 보이기를 바라시는 하나님의 말씀을 깨달아 가정 안에서 밀알이 되고자 노력합니다. 이제 저는 말씀과 기도로 무장하여 하나님과 교회 중심으로 사는 삶이 얼마나 행복한지 잘 압니다. 앞으로도 계속 말씀에 순종하고 달란트를 최대한 활용하여 하나님께 충성된 종이라는 칭찬을 듣고 싶습니다. 예수님이 재림하실 때까지 이 소망을 품고 살아가려 합니다. 제자훈련으로 인도하신 하나님께 영광 돌리며 감사를 드립니다.

정광덕 순장 제자훈련 37기

제가 예수님을 만난 지도 벌써 10년이라는 시간이 흘렀습니다. 저는 유교 사상이 깊이 박힌 독실한 불교 집안에서 자라나 교회와는 인연이 없었습니다. 아버지의 잦은 술주정으로 가정은 불안과 공포로 휩싸이기 일쑤였고, 아버지에 대한 미움과 증오가 싹트면서 어떻게 하면 집에서 벗어날 수 있을까 하는 고민만 했습니다. 내가 살 길은 얼른 어른이 되어 독립하는 길뿐이라고 생각했습니다.

군복무를 마치고 사무기기를 취급하는 지금의 직장에 입사하였습니다. 업무 관계로 대광교회의 배창돈 목사님을 처음 뵙게 되었고, 사무기기 AS를 해 드리면서 목사님을 지속적으로 만났습니다. 목사님은 늘 다정한 모습으로 웃으시면서 교회에 나오라고 권유하셨지만, 저는 대답하지 않고 웃음으로 회피했습니다. 그리고 세상의 달콤함과 즐거움에 빠져 음주 가무를 즐기며 7년의 시간을 보냈습니다.

그러다 전도 축제에 두 번 참석했습니다. 하나님이 제 마음을 조금씩 움직이기 시작하셨습니다. 또한 사장님이 대광교회를 나가면서 변화되는 모습을 보았습니다. 연말 송년회는 다 함께 나이트에서 즐기고, 퇴근길에는 참새가 방앗간을 못 지나치듯 포장마차에 들러 안주와 함께 한잔하시던 사장님이 대광교회에 다니면서 담배와 술을 끊고 180도 달라졌습니다. 그 모습을 보면서 저는 큰 충격을 받았습니다. 저의 인생 선배였던 사장님을 보면서 교회에 나가기로 결심하고, 주저

없이 대광교회를 택했습니다. 그리고 1999년 1월 1일 0시 예배를 시작으로 교회에 출석했습니다.

새가족반에서 예수님을 구주와 주님으로 영접한 저는 전도하는 것이 나를 사랑하신 주님의 은혜에 보답하는 길이라는 마음으로 교회 나온 지 1년쯤 지나 전도폭발훈련을 받기 시작했습니다. 주일예배만 드리다가 이 훈련을 받으면서 영혼에 대한 사랑과 관심이 생겼습니다. 주님은 저에게 주님과 교회를 사랑하는 마음을 뜨겁게 부어 주셨습니다. 그래서 차량 운전 봉사도 자원하여 섬겼습니다.

전도폭발훈련 기간에 부모님께 복음을 전하도록 하나님께서 은혜를 베풀어 주셨습니다. 강퍅했던 아버지와 어머니는 예수님을 영접하셨습니다. 어머니는 시집와서 지금까지 다니던 절을 접으시고 함께 교회에 출석하셨습니다. 부모님과 함께 예배당에 들어설 때 가슴이 뭉클하고 예배 시간 내내 감사의 눈물을 흘렸습니다. 제 마음 깊숙한 곳에서 꿈틀거리는 아버지에 대한 미움과 증오를 하나님께 고백할 수 있었습니다. 그리고 아버지를 사랑할 수 있도록 성령님께서 제 마음을 다스려 주셨습니다.

또한 신앙생활을 하면서 가정의 소중함과 믿음 안에서의 결혼이 얼마나 중요한지를 말씀으로 깨달았습니다. 예수 믿기 전에는 부모의 모습을 답습할까 봐 가정을 이루고 자녀를 양육하는 게 두려웠습니다. 행복한 가정은 제게는 어울리지 않은 것만 같았습니다. 그러나 예전 결혼관이 사라지고 가정에 대한 소망이 생겨 열심히 기도했습니다.

그 응답으로 주 안에서 자매를 만나 대광교회에서 결혼식을 올리고, 1남 2녀의 자녀를 선물로 받았습니다. 결혼하고 나서는 주일 밤 제자훈련 수료 간증을 들으면서 나도 훈련받아 더욱 변화된 삶을 살고 싶다는 도전을 받아 제자훈련에 지원했습니다.

제자훈련을 받으며 저의 부족함을 나누기도 하고 다른 지체들의 아픔과 상처에 대해서도 알게 되었습니다. 마음을 열게 하시는 성령님의 인도하심으로 세상의 방법이 아닌 하나님의 말씀으로 죄와 허물을 사함 받았습니다. 상처가 치유되고 관계가 회복되는 놀라운 역사가 일어났습니다. 다듬어지지 않았던 저의 연약한 성품들이 양파 껍질처럼 하나씩 벗겨지고 주님을 닮은 성품으로 변해 갔습니다.

자녀 양육은 아내에게 떠넘기고 제 할 일만 하면서 오히려 아내에게 짜증을 냈고, 이것이 가정불화의 원인이 되었습니다. 아내를 이해하지 못하고 신경전을 벌이던 제가 생활 과제를 하면서 아내의 마음을 알게 되었습니다. 섬기는 마음으로 집안일을 돕자 아내도 짜증을 내지 않게 되었고, 제자훈련을 잘 받을 수 있도록 적극적으로 도와주었습니다.

주일예배 한 번 드린 것으로 내 할 일 다했다고 생각하던 제가 이제는 주일을 하나님을 경배하고 찬양하는 축제의 날이라 생각합니다. 거룩하고 복된 날이라 배웠기에 온전히 주일 성수를 하고 있습니다. 하나님께 시간을 구별해 드리려고 주일 전도폭발 사역 팀에 훈련자로 섬기며 훈련생을 키우고 복음을 전하는 데 삶의 우선순위를 두고 있습니다.

　술의 유혹을 담대히 이길 힘도 주셨습니다. 고등학교 동창이 급한 일이 있어 만나자고 하여 약속 장소에 가 보니 소주 한 잔을 저에게 주면서 이 술을 마시지 않으면 관계를 끊겠다고 협박했습니다. 친구와의 관계보다는 하나님의 말씀에 순종하는 것이 우선이라는 확신이 있어서 단호히 거절했습니다. 그러자 친구는 버럭 화를 내며 자리를 박차고 나갔습니다. 그러나 하나님은 선하신 방법으로 친구와의 관계를 회복하게 해 주셨습니다. 고등학교 동창 모임이 있어 한 달에 한 번은 꼭 친구를 만날 수밖에 없었습니다. 이제는 친구가 알아서 저를 위해 술 대신 음료수를 주문해 줍니다. 저는 친구에게 복음을 전했습니다. 친구의 아내는 전도 축제에 참여하기도 했습니다. 이 친구를 위해 저희 부부는 계속 기도하고 있습니다.

　제자훈련으로 저같이 부족한 자도 하나님 손에 들려 멋진 작품으로 변화되는 모습이 말씀의 능력임을 깨닫습니다. 저뿐만 아니라 함께 훈련받은 지체들도 낙오자 한 명 없이 모두 신실한 동역자로 세워져 하나님 나라 확장을 위해 각자 받은 은사대로 섬기는 자리에 있습니다.

　부족하지만 순장으로 섬길 수 있게 해 주셨습니다. 이제는 제가 순원일 때 받았던 사랑을 저의 순원들에게 되돌려 드리려 합니다. 순원들과 함께 매주 함께 말씀을 나누고 교제할 때 세상의 것과는 비교할 수 없는 평안과 행복이 있습니다. 순원들이 순모임에 한 명도 참석하지 않아 혼자 예배를 드릴 때도 있었습니다. 자기 일을 하느라 바빠서 예배와 교회 행사에 참석하지 않는 모습을 보고 마음이 아플 때도 있었습니다. 하지만 주님은 순원일 때 저의 모습을 생각나게 하시고, 순원들을 위해 기도하라고 하셨습니다. 부모와 같이 관심과 사랑으로 순원들을 돌보라고 말씀하십니다.

2년 전 초신자 순원이 우체국 집배원 일을 하다가 교통사고가 나서 응급실에 있다는 연락을 받았습니다. 얼굴과 머리에 중상을 입고 의식이 없는 상태였습니다. 저는 교회 중보기도팀에 긴급 기도를 요청하고 간절히 기도했습니다. 꾸준히 심방도 하고 돌보았는데 한 달 뒤에 순원의 의식이 돌아왔습니다. 순원은 놀랍게 회복되어 3개월 뒤에는 중환자실에서 일반 병실로 옮길 정도가 되었습니다. 형제님은 저의 섬김과 사랑을 고마워하면서 하나님이 자신에게 새 생명을 주셨다고 고백하였고, 한 번도 읽지 않던 성경을 보고 싶다며 큰 성경을 사 달라고 부탁했습니다. 저희도 하나님께 감사와 찬양을 올려 드렸습니다. 형제님은 지금도 통원 치료를 받고 있지만, 매주 예배에 빠지지 않고 참석합니다. 중보기도와 작은 섬김으로 한 영혼이 주님께 가까이 나오는 것을 경험하며 하나님께서 한 사람 한 사람을 귀하게 여기심을 가슴 깊이 깨달았습니다.

제가 만일 제자훈련을 받지 않았다면 '예수 믿고 나만 복 받으면 되지'라고 생각하며 살았을 것입니다. 자기중심적 신앙관을 가지고 세상에서 성공에 집착하며 아무런 영향력도 끼치지 못하는 삶을 살

앉을 것입니다. 하지만 제자훈련을 받고 나서는 한 영혼을 주님께 인도하고자 물질과 시간을 투자하는 전도자로, 새벽기도와 중보기도로 이 땅과 교회를 섬기는 중보자로, 교회 구석에서 조용히 섬기는 자로 서게 되었습니다. 이 세상에서 누리는 모든 것이 주님이 내게 잠시 맡기신 것임을 분명히 알기에 선한 청지기로 살려 합니다.

그리스도의 몸인 교회를 사랑하는 일이 곧 주님을 사랑하는 일임을 깨달았습니다. 이제 우리 교회의 비전이 저의 비전이 되었습니다. 평신도가 동역하는 교회, 비전을 이루어 가는 교회, 차세대를 준비하는 교회로 나아가는 교회를 세우고자 저희 부부도 동역자로서 섬길 것입니다. 제자훈련으로 저를 하나님 나라 일꾼으로 세워 주신 하나님 아버지께 이 모든 영광을 올려 드립니다.

이연희 순장 제자훈련 49기

'기적'이라는 말은 어떤 일이 전혀 불가능한 상황에서 일어날 때 쓰는 말이기 때문에 저는 평생에 기적을 경험하지 못할 거라고 생각했습니다. 그러나 제자훈련을 하면서 저는 가정이 변하는 기적을 체험했습니다.

대광교회에 오기 전에 저는 20년 가까이 신앙생활을 한 사람이었습니다. 주일학교 교사, 성가대, 여선교회 임원 등 해 보지 않은 일이 없을 정도였습니다. 어느 교회를 가든 당당히 나 자신을 드러낼 수 있을 거라고 생각했습니다. 대전에 살다 평택으로 이사를 오면서 대광교회에 출석하기로 했고, 교회 가면 우선 성가대부터 하리라 다짐했습니다.

그런데 여러 교회를 다녀 봤지만, 대광교회는 그리 만만한 교회가 아니었습니다. 전도 축제에 참여하면서 신앙생활을 처음 하는 초신자와 같은 마음으로 돌아가게 되었습니다. 주제별로 성경을 설명해 주시는 목사님의 말씀을 듣고 그동안 알지 못한 것이 많았다는 사실을 깨달았습니다. 그렇게 많은 날을 교회에 다녔지만 목사님처럼 자세하고 이해하기 쉽게 가르쳐 준 곳은 단 한 곳도 없었습니다. 교회에서 요직을 맡아 여러 사역을 감당하면서 목이 뻣뻣해진 제가 전도 축제에 참석하면서 교만의 껍질을 한 겹 벗었습니다. 그리고 밝은 표정으로 낮은 곳에서 섬기는 성도님들을 보며 또 한 겹 교만의 껍질이 벗겨졌습니다.

저를 다시 놀라게 한 것은 순모임이었습니다. 사람들은 말씀을 삶에 적용하고 속에 있는 것을 모두 열어 보여주었습니다. 순원들이 자연스럽게 자신의 문제점을 말하고 그 문제를 해결 받는 모습을 보면서 충격을 받지 않을 수 없었습니다.

제자훈련을 하기 전에 순장님의 권유로 전도폭발이 뭔지도 모르고 시작했습니다. 오랫동안 교회에 다녔기에 대단한 믿음을 소유했을 거라고 생각했는데, 알고 보니 저의 믿음은 세속적인 믿음이었습니다.

그러나 제자 훈련을 받으면서 오늘 밤이라도 이 세상을 떠난다면 천국에 갈 수 있다는 진정한 구원의 확신이 생겼습니다.

여자 제자훈련생을 모집한다는 광고를 듣고 걱정 반 기대 반으로 지원했습니다. 그리고 곧바로 남자 훈련생을 모집하기에 남편에게 지원하라고 권유했는데, 남편은 정색을 했습니다. 마감 시간이 다가올수록 왠지 이번 기회를 놓치면 두고두고 후회를 할 것 같다는 생각에 마음이 급해서 제가 대신 남편의 지원서를 썼습니다. 그렇게 시작한 제자훈련이지만, 남편과 함께 열심히 훈련 받고 있습니다.

제자훈련을 받기 전 저의 마음은 황량한 사막과도 같았습니다. 마음에 분노와 미움이 가득했고, 사랑이라는 말 자체가 어색하기만 해서 사랑을 베풀 줄도 몰랐습니다. 그리고 남편과의 관계도 그다지 좋지 않았습니다. 친정 부모님 두 분이 일찍 돌아가셨기 때문에 남편이 친정에 대해서 이야기하면 '내가 부모가 없으니까 저 사람이 나를 무시하는구나'라고 생각했습니다. 자격지심 때문에 아무 이유도 없이 시댁 식구들이 싫었습니다. 한 번 속이 뒤틀리면 몇날 며칠이고 말을 안하면서 무관심으로 남편으로 대했습니다. 그러면서 나는 사실 원래 착한 사람인데 남편과 결혼해서 이상하게 변했다고 생각했습니다. 고생하고 힘들게 사는 게 모두 남편 때문이라고 결론지었습니다. 그리고 남편과 싸우고 나서 분풀이를 아이들에게 하기도 했습니다.

그런데 제자훈련을 시작하고 사모님은 문제의 원인이 나에게 있다며 내가 변하면 모든 것이 변하게 된다고 말씀하셨습니다. 처음에는 그 말을 인정할 수가 없었습니다. 아무리 생각해도 나는 잘못한 것이 없는 것 같은데 왜 나만 변해야 하는지 억울하다는 생각도 들었습니다. 그러다 계속 말씀을 공부하면서 잘못된 생각이 하나씩 깨졌습니다. 생활 과제는 바위처럼 단단하게 굳어 있던 마음을 조금씩 부수었습니다. 제가 얼마나 모난 사람인지, 가족에게 얼마나 자존심을 내세웠는지 알게 된 것입니다.

특히 남편과 서로 높임말을 사용하면서 처음에는 많이 어색했지만, 남편에게서 존중 받고 있다는 느낌이 들었습니다. 높임말을 사용하는 것만으로도 지치고 상한 심령이 회복되는 것 같았습니다. 지금까지도 자연스럽게 높임말을 사용하고 있으며, 이제는 남편이 세상에서 가장 멋있고 듬직한 사람이라고 말할 수 있습니다. 제자훈련을 하면서 가랑비에 옷 젖듯 서서히 부부 관계가 회복되어 서로 이해하고 보듬고 상대방을 위해 기도하는 천국 같은 가정을 이루고 있습니다. 남편과 싸울 때마다 지옥 같았던 마음이 부부관계가 회복되고 싸울 일이 없어지면서 얼마나 마음이 평안하고 기쁜지 사람들에게 "이제야 신혼부부처럼 산다"라고 말하고 다닙니다. 그리고 전부터 꿈꿔 왔던 가족 예배를 드릴 수 있게 되었습니다. 이 모든 변화가 제자훈련 기간에 이루어졌습니다.

그동안 나의 소유라고 생각하여 아이들에게 소리 지르고 윽박지르며 함부로 대했는데, 그러한 태도도 달라졌습니다. 특히 두 딸을 자유기독학교에 보낼 수 있는 은혜를 누렸습니다. 이제는 두 아이가 만지

기도 아깝다는 생각이 들 정도로 예쁘고 사랑스럽습니다. 자유학교를 통해 하나님이 우리 아이들을 어떻게 성장 시키셔서 사용하실지 기대가 큽니다.

제자훈련을 하면서 교회관도 달라졌습니다. 이전에는 교회가 성도를 위해서 무엇이라도 해 주어야 한다고 생각했습니다. 그러나 교회는 성도와 주고받는 상업적인 곳이 아니라 전도하고 가르치며 치료하는 곳이라는 사실을 다시금 깨달았습니다. 이전에 봉사하면서도 불평하고 시기하며 험담하고 기쁨이 없었던 저의 모습이 참으로 부끄럽습니다. 이제는 말씀대로 작은 일에도 섬기는 자가 되어 천국에서 큰 자가 될 수 있기를 소망합니다.

"너희는 먼저 그의 나라와 그의 의를 구하라"라는 말씀의 의미를 전에는 깨닫지 못했습니다. 그런데 오합지졸 같은 우리에게 하나라도 더 가르치고 깨달아 예수님의 참다운 제자로 변화되라고 수고와 열정을 쏟아 주신 가르침 덕분에 이제 그의 나라와 그의 의를 구하는 것이 어떤 것인지 깨달았습니다.

사람이 태어나 운명대로 살다 죽는 것을 세상 사람들은 '팔자'라고 표현합니다. 그러나 제자훈련을 받고 나서 하나님이 만지시면 사람의 운명이 바뀌는 것을 경험했습니다. 남들은 저를 별 볼 일 없는 사람이라고 볼지도 모릅니다. 그러나 저는 하나님이 구별하신 존귀한 자입니다. 이전에는 빨리 돈 많이 벌어서 넓고 좋은 집에서 폼 나게 사는 게 꿈이었습니다. 아이들이 해 달라는 것 다 해 주고 아쉬울 것 없이 사는 게 '사는 낙'이고 열심히 일하는 이유였습니다. 그러나 하나님은 '계획은 내가 할지라도 그 걸음을 인도하시는 이는 여호와'이심을 깨닫게 하셔서 저의 우둔한 생각을 바꾸어 주셨습니다. 물질을 주고 모든 것을 주관하시는 그분께 항상 감사드립니다. 물질과 기도로 하나님 나라를 위해 섬기며 나 혼자 구원받은 것에 만족하지 않고 진리를 전파하며 섬김과 선행에 힘쓰고 존귀한 자녀답게 살아갈 것입니다. 앞으로도 더 많이 배우고 깨달아 순종하는 신앙인으로 성장해 가리라 기대합니다. 제자훈련으로 제 삶에 기적을 일으키신 하나님께 모든 영광을 올려 드립니다.

장민기 순장 제자훈련 56기

대광교회에서 첫 예배를 드린 지 벌써 7년이라는 세월이 흘렀습니다. 먼저 이 자리에 설 수 있도록 인도하신 하나님을 찬양하며 그 은혜에 감사드립니다.

예수님을 믿기 전 저는 꽤 부유한 사람이었습니다. 세상과 타협하며 각종 모임과 국제 봉사 활동에서 다양한 감투를 뒤집어쓰고 세상 쾌락과 만족에 빠져 살았습니다. 사업은 아내와 직원들에게 맡기고 사업을 핑계 삼아 공직자 선후배들과 함께 술과 화투 즐겼고, 밤무대에서 드럼을 치며 세상 향락에 젖어 살았습니다. 이런 방탕한 생활은 사업이 기울어지면서 더욱 심해졌습니다. 가정불화는 점점 악화되어 매일 부부 싸움을 하고 술을 입에 달고 살았습니다. 그런데 평택으로 이사를 오면서 대광교회에 오게 되어, 예수님을 영접했습니다.

천국 영생을 값없이 받고서 저의 삶은 조금씩 변화되었습니다. 나 자신을 믿고 죄 속에서 살다가 차츰 안정과 평온과 자신감을 되찾았습니다. 가족의 소중함도 절실히 깨달았습니다. 아내와의 관계도 서서히 회복하여 행복한 가정으로 바뀌었습니다.

대광교회에 와서 신앙생활을 한 지 6개월쯤 되었을 때 32기 전도폭발 훈련에 참여했습니다. 그때 아내와 아들도 함께 참여했습니다. 우리는 한없이 감격의 눈물을 흘렸습니다. 그 뒤에 아내가 저보다 먼저 제자훈련을 받는데 아내의 변화된 모습을 보면서 감동했습니다. 39년 만에 다음과 같은 아내의 편지를 받고서 눈물을 흘렸습니다.

"이제 주 안에서 서로 사랑하고 이해하고 배려하여 얼마 남지 않은 인생 속에서, 당신과 함께 주님께 기쁨을 드리는 제자로 살고 싶습니다. 당신과 함께 앞으로 주님만을 위해 살고 싶습니다. 지금껏 부족했던 부분을 참고 견뎌 주어서 고맙고 건강하길 기도해요. 우리 주 안에서 최선을 다하는 하나님의 자녀가 됩시다."

지금도 가끔 이 편지를 읽습니다. 편지를 읽을 때마다 하나님께 감사의 고백을 드리고 남몰래 한참을 웁니다.

제자훈련을 받으면서 저 또한 많이 변했습니다. 하나하나 되새겨 보니 하나님이 제게 주신 감사의 제목이 너무나도 많습니다. 성경 말씀을 읽으며 지혜를 얻게 하시고, 매주 성경말씀을 암송하다 보니 암기력이 향상되었습니다. 책을 읽는 숙제를 하고서 독후감을 쓰니 문장력도 향상되고 책임감도 더 생겼습니다. 또한 모든 예배와 새벽 기도에 참석했더니 믿음이 성장하고 영육이 강건해졌습니다. 믿음의 형제들과 영적인 교제를 나눌 수 있게 되어 참으로 행복합니다. 제자훈련의 일환으로 아내에게 높임말을 썼는데, 높임말을 쓰다 보니 서로 존중하게 되었습니다. 아내와의 관계가 회복되니 자녀의 얼굴에서도 웃음꽃이 활짝 피었습니다. 종의 자세로 순종하니 직장에서 더 대우를 받았습니다. 허튼 데 돈을 안 쓰고 하늘나라 창고에 쌓게 되었습니다. 이처럼 감사의 제목이 수없이 많습니다. 제자훈련으로 이 모든 것을 가능하게 하신 하나님께 감사할 따름입니다.

　　어느 날 사랑스러운 아내의 발을 씻겨 주려고 준비하는데 방긋 웃는 아내의 모습이 천진난만한 어린아이처럼 사랑스러워 보였습니다. 무릎을 꿇고 따뜻한 물에 아내의 발을 담그고 발목에 서서히 물을 끼얹는 순간 가슴에서 뭔가 울컥 치밀어 올라옴을 느끼며 눈시울이 뜨거워졌습니다. 간신히 눈물을 삼키고 아내의 퉁퉁 부은 다리와 돌덩이처럼 굳은 발바닥을 씻기면서 지난날을 회개했습니다. 그동안 밖으로 나돌며 세상 재미에 푹 빠졌던 제가 정신을 차린 것입니다. 이 모든 것이 제자훈련을 통해 하나님이 주신 크신 은혜입니다. 언어와 생각이 부정적인 데서 긍정적으로 바뀐 우리 부부는 하나의 지체로서 하루하루 주님 안에서 기쁨을 누리며 살고 있습니다.

화요일 밤이면 온 가족이 모여 가정예배를 드리며 한 주간 받은 은혜와 기도 제목을 나눕니다. 또 주일이면 기쁜 마음으로 각자의 자리에서 예배를 드리고 사역을 합니다. 이러한 우리 가족의 모습이 너무 아름답습니다. 아직도 부족한 부분이 많지만, 그 빈틈을 채우고자 믿음의 가장으로서 모범을 보이려 합니다. 말씀과 예배를 사모하고, 하나님을 경외하는 것이 지식의 근본임을 가르치며 말씀과 사랑으로 자녀를 양육하는 가장이 되려고 노력합니다. 저는 참으로 행복해서 하나님께 감사할 뿐입니다.

누군가가 저에게 '당신은 행복을 어디서 찾느냐?'라고 물으신다면 저는 서슴없이 '이 세상 그 무엇과도 바꿀 수 없이 좋으신 예수님이 지금 나와 함께 계시면, 이미 좋은 것이 내 곁에 있는 게 아닌가요?'라고 자신 있게 대답할 수 있을 것입니다.

그동안 훈련을 받으며 많은 변화가 있었지만 예수님을 닮아 가는 삶은 아직도 멀어서 날마다 예수님 닮기를 소망하며 달려가고 있습니다. 며칠 전에도 연약함으로 인해 또 넘어진 일이 있었습니다. 제자훈련을 마치고 집에 와 출근하려다가, 손자 인석이의 불순한 태도에 그만 큰소리로 화를 내고 말았습니다. 그 순간 '아차! 참아야 하는데…' 하는 생각이 들었습니다. 할아버지의 큰소리에 온 동네가 시끄러워졌습니다. 큰소리를 들은 딸이 다시 아이에게 화를 내며 큰소리로 꾸짖습니다. 아내는 나에게 "안 그러더니 왜 아침부터 그러느냐?"라고 핀잔을 줍니다. 순식간에 사탄의 세력이 온 집안을 잡았습니다. 그날 아침 자녀를 화나게 하지 말라고 훈련을 받았는데 그 순간에 참지 못하고 식구들을 화나게 하고 말았습니다. 2년 동안이나 제자훈련을 받았지만 그렇게 불쑥 예수님을 닮지 않은 성품이 흘러나옵니다. 씁쓸한 기분으로 출근했으나 일이 손에 잡히지 않았습니다. 하나님께 회개의 기도를 드리고 아내와 딸과 손자에게 문자를 보냈습니다.

"여보! 미안해요. 자녀를 화나게 하지 말라고 했는데, 순종치 않았구려. 뜨거운 사랑으로 권면할 것을 결단했소. 여보! 보배로운 당신을 사랑합니다."

"딸아! 오늘 아침 제자훈련에서 자녀를 화나게 하지 말라고 배웠는데, 금방 잊고 순종하지 못했구나. 인석이를 사랑으로 따뜻하게 가르치자. 미안하다."

"인석아! 할아버지가 오늘 큰소리를 냈구나. 미안하다. 지난 일 다 잊고 새로 출발하자. 우리 주님이 보시기에 아름답게 말이야. 인석아, 사랑한다."

이렇게 반성문을 쓰고 나니 마음이 조금 가볍습니다. 잠언 말씀을 다시 한 번 되새겨 봅니다. "유순한 대답은 분노를 쉬게 하여도 과격한 말은 노를 격동하느니라"(잠 15:1). 이처럼 가정에서 몇 안 되는 식구가 하나 되지 못하고, 가장이자 제자훈련을 받은 제가 순간에 올라오는 화를 참지 못했습니다. 그러나 빨리 알아채고 회개할 수 있게 해 주셔서 얼마나 감사한지 모릅니다.

　예수님은 십자가에서 달려 돌아가시기 전에 정말 간절하게 하나 되게 해 달라고 기도하셨습니다. 성도들이 그리스도 안에서 하나 되지 않으면 이 땅에서 복음 전파의 열매를 거둘 수 없는 무기력한 교회가 될 것을 잘 알고 계셨기 때문입니다. 이제 저는 이 세상에서 주님의 이름을 증거하며 주님을 이름을 높여 드리는 성숙한 평신도들과 동역하면서 건강한 교회, 하나 된 교회, 건강한 평신도, 하나 된 평신도가 되는 데 최선을 다하겠습니다. 이 모든 영광을 하나님께 올려 드립니다. 감사합니다.

김경희 순장 제자훈련 59기

먼저 부족하고 자격 없는 저에게 제자훈련을 받을 기회를 주시고, 행복하게 마칠 수 있도록 늘 힘주신 주님께 감사합니다. 누군가 "인생에서 당신이 받은 가장 큰 축복은 무엇인가요?"라고 물어본다면 저는 조금의 망설임도 없이 제자훈련이라고 답할 것입니다. 제자훈련으로 저는 고린도후서 5장 17절의 "그런즉 누구든지 그리스도 안에 있으면 새로운 피조물이라 이전 것은 지나갔으니 보라 새 것이 되었도다"라는 말씀대로 이전 모습을 벗어 버리고 새롭게 다시 태어났습니다.

저는 불교 집안에서 태어났습니다. 1년 중에 집안 행사가 있으면 늘 스님이 방문해 집안 곳곳에 부적을 붙이고 불경을 외웠습니다. 결혼하고서 엄마가 주신 부적을 지갑 속에 넣고 다니면서 위안으로 삼았고, 또 한편으로는 급할 때면 하나님을 찾기도 했습니다. 그러다 부동산 투자에 실패하여 물질의 어려움을 겪었습니다. 난생처음 부딪힌 어려움 앞에 제 마음은 온통 걱정과 불안으로 가득 찼습니다.

그즈음 이웃에 사시던 대광교회 집사님을 통해 주님은 저에게 손을 내밀어 주셨습니다. 세상이 주는 즐거움을 쫓으며 하나님이 바라시는 삶과는 전혀 다른 삶을 살았던 저를 예수님이 만나 주셨습니다. 저를 용서하고 무조건 사랑하시는 주님 덕분에 마음의 평강을 찾았습니다. 하지만 영적으로 갓 태어난 아이와도 같았기에 무엇이 우선인지도 모른 채 살았습니다.

어느 때부터인가 제자훈련에 호기심이 생겼습니다. 제자훈련을 받아 보고 싶다는 소망이 제 안에서 꿈틀대기 시작했습니다. 그래서 제자훈련을 받으려면 어떻게 해야 되는지 순장님께 여쭤 보니 전도폭발훈련을 마쳐야만 할 수 있다고 했습니다. 그 당시 전도폭발훈련은 나와는 전혀 상관이 없다고 생각했기에 자연히 제자훈련은 영원히 못 받겠구나 생각하며 지냈습니다. 그런데 이상하게도 마음속에서 제자훈련이 떨쳐지지 않았습니다. 그래서 저는 그렇게도 두려워하고 망설였던 전도폭발훈련을 하게 되었고, 그 훈련을 받으며 예수님의 살아계심을 경험하는 감격과 기쁨을 맛보았습니다. 그리고 다음 해에 제자훈련 모집 광고가 나자마자 신청했습니다.

그렇게 저는 주님의 은혜로 마음속에서 끊임없이 일어나는 제자훈련에 대한 갈증을 해결할 수 있었습니다. 제자훈련 시작하면서 나름 각오를 했습니다. 힘든 순간이 와도 시작한 일을 포기하지 않고 끝까지 하겠다고, 힘들다는 말은 순장님 단 한 사람에게만 하고 남편을 포함해 주변 사람에게 이야기하지 않겠다고 다짐했습니다.

제자훈련을 받으면서 알게 된 새로운 사실은 성경에 주님의 말씀을 지켜 행하라는 말씀이 의외로 많다는 점, 성경에 나오는 주님의 말씀을 모두 지켜 행하면 100점 맞는 제자가 될 수 있다는 점입니다.

제자훈련을 받기 시작하면서 제일 먼저 실천한 것이 예배였습니다. 저는 부끄럽게도 일을 하고 있어서 주일예배만 참석하고 있었습니다. 그래서 수요예배, 금요기도회에 참석하고자 일을 다른 날로 옮기고, 아이들 학원 시간이 수요예배와 겹쳐 조정이 어렵게 되자 과감히 학원을 옮겨 저와 아이들 모두 우선순위를 예배로 돌렸습니다. 예배를 다 드리며 말씀이 내 안에 들어오니 항상 힘을 얻고, 예배에서 나에게 하신 말씀을 깨달으니 고민이 바로바로 해결되었습니다. 또 예배에서 목사님의 설교 말씀을 들음으로 주님과 친밀하게 만났습니다. 예배당은 주님과 만나는 귀한 경험을 하게 해주는 장소였습니다. 저뿐만 아니라 작은아이도 저와 같이 예배를 드리면서 귀가 열리고 말씀을 받아들이게 되었습니다. 그래서 아이들과 저는 영적인 대화가 통하는 사이가 되었습니다.

다음으로 큐티와 기도입니다. 처음 큐티를 할 때 어떻게 해야 하는 줄 몰랐지만, 다른 지체들이 칭찬하고 격려해 주어 금방 적응할 수 있었습니다. 말씀으로 배우게 된 점은 바로 생활에서 실천으로 옮겼고, 어떨 때는 지킬 말씀이 뭐가 있나 찾으려고 큐티를 할 때도 있었습니다.

제자훈련을 받기 전에 망설이는 부분이 있었는데, 새벽기도 때문에 그랬습니다. 제일 겁이 났던 부분입니다. 처음에는 새벽기도 시간에 졸거나 아예 엎드려 자는 날이 더 많았습니다. 그리고 기도를 하고 싶어도 머리로는 되는데 입 밖으로 간구하는 기도는 잘되지 않았습니다. 그런데 하나님께서는 저의 답답함을 아시고 기도의 능력을 경험하게 해 주셨습니다. 기도로 아들 친구의 다리가 낫는가 하면, 사이가 멀어진 친구와 다시 연결돼 친구를 우리 교회에 인도할 수 있었습니다. 그렇게 조금씩 기도로 주님과 깊은 교제를 나누었습니다. 지금은 새벽기도로 하루를 여는 것이 감사하고, 사역을 하기 전에 반드시 기도로 준비합니다.

또한 제자훈련은 가정 안에서 순종과 섬김을 배우는 훈련으로 이어졌습니다. 훈련 전에는 잠이 많다는 핑계로 늦잠을 자 남편 식사를 챙겨 주는 일이 거의 없었고, 남편과 서로 반말을 하는 것이 익숙한 상태였습니다. 그런데 남편을 주님 섬기듯 하라는 말씀을 실천했더니 높임말 쓰는 것도 적응이 되었고, 남편도 덩달아 존댓말을 써서 저를 존중해 주고 있음을 느낄 수 있습니다. 또한 남편의 아침 식사를 꼬박꼬박 챙겨 주는 착한 아내가 되었습니다.

제자훈련 받으면서 각오했던 남편과의 충돌도 감사하게도 많이 있지 않았습니다. 모든 우선순위를 제자훈련에 두는 저를 바라보는 게 힘들다며 남편이 처음으로 목소리를 높였을 때 저는 더 잘하겠다고 눈물로 답했습니다. 그날 이후 남편도 저에게 맞추어 주었습니다. 섬김은 점점 퍼지나 봅니다. 제자훈련은 저 혼자 받는데 남편 또한 저를 참아 주고 배려해 주었습니다. 또 삶의 기준과 목적이 주님이기를 바라며 주님을 경외하는 아이로 키우고 싶어 남편에게 큰아이를 자유기독학교로 보낸다고 했을 때 남편은 아들의 입학을 위해 교회 전도 축제에 참석했습니다. 남편이 교회와 목사님을 믿고 보낸다는 말을 제게 했을 때 가슴이 벅차올랐습니다. 주일이면 남편과 함께 나란히 앉아 예배드리는 감격을 주신 하나님께 감사드립니다.

마지막으로 교회 공동체의 지체로서 내가 어떠한 역할을 해야 하는지 배웠습니다. 순종, 섬김, 봉사가 자연스럽게 제 삶에 일부분이 되었습니다. 제자훈련을 받기 전에는 교회를 위하여 봉사를 해 본 적도 없고 할 생각조차도 안 했습니다. 그러다 말씀을 배우고 나니 그랬던 제가 부끄러워졌습니다. 그래서 봉사할 곳을 찾아 바로 실천했습니다. 해 보고 나니 봉사가 저에게 어렵고 손해 보는 일이 아니라 주님께 쓰임 받는 축복이라는 생각이 들었습니다. 봉사에는 수고가 따르지만 하고 나서의 뿌듯함은 어떤 것으로도 비교가 되지 않았습니다. 또한 기도 없이는 아무것도 할 수 없음을 깨달았습니다. 그래서 앞으로도 대예배당 청소와 중보기도 등 저에게 맡겨진 역할에 최선을 다할 것입니다.

제자훈련을 받기 전부터 시작한 전도폭발훈련을 계속 받으면서 이번에 처음으로 훈련자 단계를 잘 마칠 수 있었던 것도 큰 보람이자 열매였습니다. 주님을 가장 가까이에서 강하게 느낄 수 있는 일은 복음을 전하는 일인 것 같습니다. 그래서 복음 전하는 일은 제 삶의 기준과 목적이 되었습니다. 아직은 많이 부족하지만 주님 안에서 행복한 복음 전도자로 서고 싶습니다. 앞으로도 그리스도의 몸인 교회의 자랑스러운 지체가 되고자 제가 맡은 역할을 잘 감당해 나갈 것입니다. 제자훈련으로 저를 변하게 하고 큰 은혜를 주신 하나님께 모든 영광을 올려드립니다.